AF365471

GESTIÓN FÁCIL DE LAS OBJECIONES AL PRECIO

GESTIÓN FÁCIL DE LAS OBJECIONES AL PRECIO

118 TÁCTICAS DE VENTA

De probanda eficacia que te permitirán no querdarte sin palabras al negociar und precio

ROMAN KMENTA

AVISO LEGAL

© 2019 Roman Kmenta, Forstnergasse 1, A-2540 Bad Vöslau – www.romankmenta.com

1a edición 02/2020

Diseño de portada: VoV media
Maquetación: VoV media
Ilustración: VoV media

Editorial: VoV media - www.voice-of-value.com

La obra, incluidas sus partes, está protegida por derechos de autor. Queda prohibida cualquier explotación sin el consentimiento del editor y del autor. Esto se aplica en particular a la reproducción electrónica o de otro tipo, la traducción, la distribución y el acceso público a través de medios y canales analógicos y digitales.

El contenido de este libro se ha elaborado con el máximo cuidado. Sin embargo, no podemos garantizar la exactitud, integridad y actualidad de los contenidos. Este libro contiene enlaces a sitios web externos de terceros, sobre cuyos contenidos no tenemos ninguna influencia. Por lo tanto, no podemos asumir ninguna responsabilidad por estos contenidos externos. El respectivo operador o proveedor de las páginas en cuestión es siempre responsable del contenido de las páginas enlazadas. En el momento de la publicación de este libro, no teníamos -tras comprobar estas páginas web- indicios de infracciones legales. Si se conocieran más adelante, eliminaremos los enlaces lo antes posible.

En la reproducción de nombres comunes, nombres comerciales, denominaciones de productos y marcas registradas, se han omitido las marcas en aras de una mayor legibilidad.

En el libro se hace referencia a diversos productos, algunos de los cuales pueden adquirirse en Amazon. Como afiliado de Amazon, el autor obtiene beneficios de las ventas cualificadas.

ISBN rústica: 978-3-903845-02-2

COMENTARIOS DE LOS LECTORES

"La mala sensación cuando el cliente cuestiona el precio y dice: "demasiado caro", la conozco demasiado bien. Luego, por primera vez: sin palabras. Es bueno tener una guía de acción o, mejor aún, muchas frases hechas. Como siempre con Roman Kmenta, 100% práctico y de aplicación inmediata. Lo he probado: simplemente te hace sentir bien tener las respuestas en la cabeza durante la conversación. Me quedé sin palabras ayer".

Maria Husch
www.mariahusch.com

"¡Realmente genial! - ¡Roman Kmenta es un verdadero experto en todo lo relacionado con el precio! Cualquiera que esté inseguro acerca de la fijación de precios y el precio que valen, su E-book sin duda ayudará!"

René Klampfer
www.skillswerk.at

"Roman Kmenta es uno de los estrategas de precios más simpáticos del mercado. En su último libro electrónico, revela sus mejores consejos y trucos sobre cómo imponer el precio con éxito y de forma permanente. Explica de forma directa y con muchos ejemplos diferentes métodos para hacer frente a las objeciones y cómo convertir los prejuicios en ventajas. ¡Un libro pequeño, pero de gran valor!".

Dr. Roman Szeliga
www.roman-szeliga.com

CONTENIDO

Aviso legal 4

Comentarios de los lectores 5

Contenido 7

Cómo puedes beneficiarte de este libro..............17

Notas sobre la tercera edición ampliada.............19

Nunca más te quedes en blanco 20

"Demasiado caro" y sus derivados.......................21

Caro o demasiado caro...23

La gestión de las objeciones debe ajustarse a la estrategia de precios..24

Cómo gestionar con éxito las objeciones 27

Los errores más comunes al tratar con objeciones............................ 27

Cómo tratar las objeciones 29

118 variantes de tratamiento de las objeciones de "demasiado caro" 33

Rechazo y retirada 33

1.   Es una pena, pensaba que íbamos a hacer negocios. 34

2.   Podemos hablar de todo menos del precio. 34

3.   ¡No! No puedes porque 34

Bonus 1: Te lo digo de entrada, no me vas a querer...................... 37

Evasión 38

4.   Ignorar y no reaccionar en absoluto.................................. 38

5.   Ya veo, así que el precio es más alto de lo esperado. ¿Puedo hacerle una pregunta? ¿Qué opina de la calidad de fabricación?..... 38

Bonus 2: Ah, se me acaba de ocurrir otra cosa. ¿Es la dimensión del neumático adecuada para ti?..... 39

Reencuadre o reinterpretación 40

6.   Así que crees que el precio todavía no es lo que quieres..... 40

7.   ¿Querías algo MÁS BARATO?..... 41

8.   El hecho de que me pidas un precio más bajo significa que lo quieres. ¿Lo veo bien?..... 41

9.   ¡Exacto! ¡Es un producto valioso!..... 43

10.   Gracias por tus comentarios. ¿Eso significa que aún necesitas más información para evaluar correctamente el valor para ti?..... 43

11.   Eso significa que solo son unos 100 € más de lo que querías gastarte en un principio. 43

Bonus 3: Todo depende de lo que sea importante para ti y de lo que intentes conseguir. Muchos de mis clientes lo eligen PORQUE parece y es caro, y eso es un factor decisivo en cómo se ve de cara al exterior. 44

Estar de acuerdo 44

12.   Cierto. Como suele ocurrir, la calidad tiene su precio. 44

13.   ¡Exactamente! ¡Eso cuesta dinero de verdad!..... 45

14.   ¡Así es! ¡Este es el producto más caro del mercado!..... 45

15.   Puedo entender que lo veas así. 45

Aclarar las cosas..... 47

16.   ¿Qué quieres decir exactamente con "demasiado caro"? .. 47

17.   ¿Cuánto es "demasiado caro"? 47

18.   ¿Por qué?..... 48

19.   ¿Y cuál es exactamente tu umbral máximo de dolor en términos de precio? 48

20.   ¿Demasiado caro? ¿En comparación con qué?..... 49

21.   ¿Y no lo comprarías o no lo comprarías por eso?..... 49

Bonus 4: "¿Y dejarías/dejarías que el negocio fracasara por eso?" 49

22.   Aparte del precio, ¿hay algún punto que debamos aclarar? 49

23.   ¿Se trata para de comprar barato o a bajo precio? 50

Comparación con la competencia 50

24.   ¿Puedes hacerme llegar esta oferta? 51

25.   ¿Serías tan amable de enviarme por correo electrónico el presupuesto para que pueda contrastar los dos por ti? 51

26.   ¿Quién lo ofrece exactamente más barato? 51

27.   ¿Qué ofreces exactamente? 52

28.   ¿Cuáles son las diferencias con nuestra oferta? 52

29.   Y si puedes comprarlo allí, ¿por qué hablas conmigo de ello? 52

30.   Si ellos, el competidor, pensaran que vale más, serían estúpidos si no cobraran más por ello, ¿no? 52

31.   ¿Y si tienes un problema con el producto y necesitas ayuda? 52

32.   ¿Qué te parece si comparamos las ofertas (si es necesario, sin precios ni condiciones de la competencia) para ver dónde están las diferencias y cómo puedo sacarte aún más partido? 53

33.   Un Mercedes cuesta más que un VW Golf. 53

Paso a paso 55

34.   Sí, con mucho gusto si 55

35.   ¿Qué recibo a cambio? 55

36.   ¿Cuánto más perderías por ello? 56

37.   No hay problema. ¿Qué quieres dejar fuera? 56

Racionalidad, razón y administración de empresas 58

38.   ¡No hay problema! ¡Entonces cogeremos el otro modelo más barato! 58

39.   ¿Te refieres al precio o al coste? 58

40. ¿Y cuánto te ahorras utilizando el producto? 59

41. ¿En cuánto dices que aumentará tu margen de contribución utilizando nuestro proceso? 59

42. ¿Y cuánto tiempo te ahorra eso? 61

43. ¿Y cuánto vale para ti el tiempo que ahorras? 61

44. La pregunta es: ¿realmente quieres tomarte la molestia de conseguir unos cuantos presupuestos más, pasar horas estudiándolos y comparándolos, solo para acabar ahorrándote quizá un pequeño porcentaje? 61

45. Por eso tengo la oferta de financiación adecuada para ti. . 62

46. Una pregunta: ¿quieres poseerlo o utilizarlo? 64

47. ¿Cuánto tiempo piensas utilizar el producto y cuánto invertirás al mes? 64

Bonus 5: Esto significa que estamos hablando de una diferencia de XY euros. 64

Crear valor añadido 65

48. ¿Qué más debería (puedo) añadir para que la relación calidad-precio sea la adecuada? 65

49. Podríamos, por supuesto, hablar de bajar el precio, o podríamos trabajar juntos para encontrar formas de aumentar el valor para ti que, en última instancia, te beneficiarán mucho más. ¿Qué te parece? 66

Bonus 6: ¿Qué pasa si añado XY euros gratis a tu paquete; entonces estamos en el negocio? 66

Bonus 7: Aparte de una rebaja del precio, que debo descartar, ¿qué más puedo hacer para que la oferta sea lo suficientemente atractiva como para que digas que sí? 66

Cambio de rol 67

50. ¿Por qué te sigue interesando? 67

51. ¿Por qué crees que tantos clientes lo compran de todos modos? 68

52. ¿A qué tendrías que renunciar si eligieras algo más barato? 68

53. *Ya sabes que solo ofrezco la mejor calidad, que tiene su precio. Entonces, ¿por qué has venido aquí?* 68

54. *¿Qué has comprado ya que pensabas que era demasiado caro y que ahora disfrutas desde hace tiempo?* 69

55. *¿Y qué crees que debería hacer?* 69

56. *Ponte seriamente en mi lugar. Ahora están sentados frente a ustedes como clientes, por así decirlo. ¿Qué harías tú en mi lugar?* 70

57. *¿Dónde exactamente podríamos ahorrar algo más para conseguir un precio aún mejor para ti?* 70

58. *¡Eso es! ¿Y cómo puedo demostrarte que vale cada céntimo?* 70

Bonus 8: Si te pusieras en mi lugar y no pudieras ofrecerme otro descuento, ¿qué harías? 70

Emoción y necesidades humanas 71

59. *¿No te mereces darte un capricho por una vez?* 71

60. *Y siempre pensé que eras una persona decente.* 72

61. *Sin embargo, tus clientes (afiliados, hijos, empleados, etc.) te estarán eternamente agradecidos por ello.* 72

62. *Pero, a cambio, también será uno de los primeros en tener la oportunidad de utilizar este producto.* 72

63. *¡Tienes razón! La cuestión es cuánto vale para ti tu seguridad.* 73

64. *¡Correcto! La pregunta es: ¿Cuánto vale para ti la seguridad de tu familia (empleados, empresa, etc.)?* 73

65. *No tienes que comprarlo. Puedes seguir luchando con tu antigua solución y los problemas que causa. La elección es tuya.* 73

66. *El producto tiene su precio, es cierto. Pero tu salud no tiene precio.* 74

Reconocimiento, honor y ego 74

67. *¡Lo siento! Creía que valorabas la calidad.* 74

68. *Entonces, ¿no quieres que tu cónyuge (hijos, empleados, etc.) tenga lo mejor?* 75

69. ¿Y cómo enseñas a tu cónyuge (hijos, empleados, etc.) que no les estás dando lo mejor? 75

70. ¿No puedes permitírtelo? O más bien, ¿puedes permitírtelo? 75

71. Lo siento, pensé que tenías los recursos financieros adecuados. 76

72. Así podrás contarle a todo el mundo el gran producto que has comprado. 76

73. ¿Qué crees que dirán o pensarán tus vecinos (colegas, clientes, etc.) cuando te vean con él puesto? 76

74. Probablemente lo consigas a un precio inferior dentro de unos meses, pero entonces ya no serás el primero. 77

75. ¿Quieres presumir de haber contratado a un asesor barato? 77

Lógica inversa 78

76. Precisamente por eso deberías comprarlo. 78

77. Lo hice así especialmente para ti. 78

78. También me remuerde la conciencia pedirte tanto dinero, pero eso no es nada comparado con el remordimiento de conciencia que tendría si te ofreciera algo más barato. 80

79. Tu dinero está rindiendo actualmente alrededor del 0% en el banco. Estos productos se revalorizan aproximadamente un 5% al año. Por tanto, cuanto más dinero inviertas en estos productos y menos tengas en el banco, mejor para ti. 80

80. Así es. Quiero ahorrarte el problema que tendrías si compraras algo barato. 80

81. ¿Puedes permitirte comprar algo barato? 81

Orientación final 81

82. ¡Ya veo! ¿Eso significa que prefieres el más barato? 81

83. ¿Por qué seguirías comprándolo? 82

84. ¿Significa eso que si nos ponemos de acuerdo en el precio, recibiré el pedido de tu parte? 82

85. ¿Qué tornillo, aparte del precio, podemos girar para que digas que sí? 82

Bonus 9: ¿Todavía quieres comprarlo/tenerlo? 83

Juntos hacia la meta 83

86. ¿Qué podemos hacer juntos para convencer a tu jefe (tu marido/esposa/socio, etc.)? 83

87. ¿Y estarías de acuerdo si fuera solo tu decisión? 84

88. Entonces deberíamos hablar con el jefe. ¿Cuándo podemos hacerlo? 84

89. Estamos en el mismo barco. Mi jefe tampoco aceptaría un precio más bajo. 84

90. Menos mal. Tengo que ir al baño de todos modos. Eres bienvenido a usar mi teléfono. 85

Lenguaje corporal 85

91. No digas nada, haz las maletas y empieza a andar 85

92. Sacude la cabeza, parece serio y triste y exhala audiblemente. 86

Apertura total 86

93. Divulgar el cálculo para el cliente 86

Argumentación 87

94. ¡Me alegro de que digas eso! Déjame contarte una pequeña historia sobre esto. 87

95. Desde mi experiencia personal, el dolor de la separación del dinero que gastamos en alta calidad es breve. Disfrutamos del placer del gran producto durante toda la vida, día tras día. 88

96. Sí, todo es cada vez más caro. El otro día, por casualidad, tuve en mis manos la factura de hace diez años de mi lavadora y me di cuenta de que había pagado el doble por la nueva. 88

97. Según mi experiencia, cuanto más invierto en cosas que realmente me gustan, más satisfecho estoy de mi decisión a largo plazo. 89

98. Eso es menos de lo que gastas en XY cada mes. 89

Elogios 89

99. Afortunadamente, eres alguien que sabe distinguir
muy bien entre "caro" y "demasiado caro". 90

100. Por lo tanto, solo vendemos a personas como tú, que
también están dispuestas a gastar un poco más de
dinero por la mejor calidad. 90

101. Por eso me alegro mucho de que haya gente como
tú que también pueda permitirse algo así. 90

Seguro de sí mismo, descarado e insolente 90

102. ¿Quieres un proveedor barato? ¡Con mucho gusto
puedo nombrar a alguien para ti! 91

103. ¡Tienes toda la razón! Si quieres algo barato, estás
en la dirección equivocada. 91

104. ¿Por qué pierdes tu tiempo y el mío si quieres
comprar algo barato? 91

105. ¿Quieres comprar un producto o un descuento? 92

106. ¿Y cuánto descuento quieres? Puedes elegirlo.
Entonces calcularé el precio adecuado para ti. 94

107. ¿También tienes calor? (Si el cliente no dice nada
pero se queja). 94

108. He calculado los precios, ¡no los he estimado/cortado
en trozos! 94

109. ¡Esa es buena! Yo también conozco uno bueno:
Un rabino y un sacerdote se encuentran 96

110. Lo siento, pero no tengo nada que regalar. 96

111. Oh, ¿es tu cumpleaños? ¡No lo sabía! 96

112. La Navidad ya ha pasado, pero ahora esto va en serio 97

Bonus 10: ¿Me pregunto si puedo hacer algo con el precio?
Claro. Por ejemplo, podría colorear los ceros en verde
y los ochos en azul. Queda muy bien, al menos
eso dicen mis clientes. 97

Bonus 11: Sí, siempre se puede mejorar. 97

Citas y refranes 99

113. Siempre habrá algo más barato. 99

114. ¿Sabes lo que significa CARO? Grande, único, incomparable, exquisito y adecuado para ti. 99

115. Ya lo dijo Wilhelm Busch: "Si se mira más de cerca, a menudo el precio también aumenta el respeto". 99

116. Ya sabes cómo es, lo que no cuesta nada no vale nada.... 100

117. A la calidad nunca se le pide rebaja. 100

118. Si compras barato, compras caro. Pero ya lo sabes. 100

El mejor tratamiento de las objeciones........................**101**

Sobre el autor **103**

CÓMO PUEDES BENEFICIARTE DE ESTE LIBRO

Las conversaciones y negociaciones sobre precios son a veces situaciones de discusión tensas y estresantes para los vendedores, pero a menudo también para el cliente. Después de todo, hay algo en juego para ambos, a veces mucho. Los que están mejor preparados para esta situación pueden hacer valer más fácil y eficazmente sus objetivos y conseguir un trozo mayor del pastel.

Este libro sirve para preparar a los vendedores para enfrentarse a las objeciones de precio de los clientes. Y sí, incluso un cliente que se haga con este libro podría utilizarlo para prepararse ante los argumentos y planteamientos del vendedor. ¡Que gane el mejor!

En este libro, podrás:

- ✓ encontrar 118 posibles respuestas a las objeciones de precio de tus clientes

- ✓ aprender cómo pueden disfrazarse las objeciones al precio

- ✓ descubrir cómo quitarles el aliento con confianza a sus clientes cuando pidan un descuento

- ✓ conocer los mejores trucos y consejos psicológicos para rebatir los argumentos sobre precios

- ✓ encontrar respuestas tanto humorísticas como muy serias a las demandas de precios.

Con este libro, nunca más te quedarás en blanco en las discusiones sobre precios.

¡¡Pfff!! – (El cliente gime después de que le dicen el precio)
Vendedora: ¿Tú también tienes calor?
Imagen: Fotolia 129364556_S

NOTAS SOBRE LA TERCERA EDICIÓN AMPLIADA

Las primeras ediciones de este libro fueron muy bien recibidas por vendedores y empresarios de todo tipo, pero también recibí muchos comentarios. Además, con el tiempo se me ocurrieron un par de ideas nuevas y los lectores me enviaron algunas respuestas nuevas e interesantes.

Así pues, he decidido integrarlas en una nueva edición completamente revisada que ahora tiene en sus manos. Además, he añadido más explicaciones e información de fondo a los distintos capítulos o respuestas a "demasiado caras", lo que convierte a este libro en una pequeña ayuda aún mejor para su práctica diaria de la venta.

Se han añadido algunas más a las 118 respuestas a las objeciones de precio, pero no he querido cambiar el título por varias razones. Por eso, encontrarás el material adicional como respuestas extra en cada capítulo.

Mientras tanto, he escrito otros libros sobre temas de ventas y, especialmente, sobre discusiones de precios, para los que este libro es el complemento perfecto.

NUNCA MÁS TE QUEDES EN BLANCO

¿Estás vendiendo algo? Si es así, probablemente hayas oído esto antes y puede que te esté molestando. Objeciones sobre el precio. Son habituales y muy desagradables para los vendedores. Actualmente, en muchos sectores, apenas hay una llamada de ventas en la que un cliente no diga "demasiado caro".

Y muchos vendedores todavía se sorprenden por ello y no saben qué responder en ese momento o cómo proceder ante la objeción.

No obstante, como vendedor, puedes preparar y practicar muchas formas de tratar las objeciones de precio. Para que te resulte más fácil enfrentarte a "demasiado caro", a continuación encontrarás 118 variantes (más las nuevas respuestas extra) de cómo tratar las objeciones en las discusiones sobre precios.

No se trata de sustituir una estrategia de precios o de negociación bien pensada, sino que el tratamiento de las objeciones debe basarse en la estrategia de precios. Además, estas respuestas no cubren todo el mundo de la negociación de precios.

Sin embargo, la lista de posibles respuestas a "demasiado caro" te ayudará a llegar al núcleo de tu estrategia. Esto significa que tendrás preparada la respuesta correcta al "demasiado caro" de un cliente para todas tus conversaciones de ventas, de forma rápida y ágil, y que nunca más te quedarás sin palabras en las discusiones sobre precios.

"DEMASIADO CARO" Y SUS DERIVADOS

Tu cliente no tiene por qué decir "demasiado caro". Más bien, "demasiado caro" es representativo de una serie de objeciones similares. Las objeciones al precio pueden plantearse con una amplia variedad de fórmulas y disfraces. Por ejemplo, los clientes pueden decir:

- *"Es demasiado caro".*

- *"¡Es demasiado caro para mí!"*

- *"¡Pero si ya es mucho!" o "¡Pero si el precio ya es alto!"*

- *"¿Qué más pasa con el precio?"*

- *"¡Te ofrezco 1.200 euros por él!" o "¡No pagaré más de 1.200 euros por él!"*

- *"¡El 5% de descuento todavía debe ir allí!" o "¡Todavía debes acomodarme un 5%!"*

- *"¡Pero allí es (significativamente) más caro que las otras ofertas que tengo!"*

- *"Sin embargo, lo he visto mucho más barato".*

- *"¡Tu competidor es un 5% más barato!"*

- *"¡Mi jefe (mujer, marido, socio, etc.) nunca aceptará ese precio!"*

- *"¡Eso está fuera de mi presupuesto!"*

- *"No puedo pagar tanto".*

- *"No quiero pagar tanto".*

- *"Para mí no vale la pena".*

- *"No me lo puedo permitir".*

- *El cliente no dice nada en absoluto, solo exhala audiblemente o empieza a gemir.*

- *El cliente intenta marcharse.*

CARO O DEMASIADO CARO

ay que hacer una distinción fundamental entre "caro" y "demasiado caro" para un cliente. ¿Les parece razonable el precio de la oferta, pero no quieren o no pueden pagar esa compra? ¿O consideran que el precio del servicio o producto es excesivamente alto? En función de la respuesta, se deberá proceder de manera muy diferente al tratar la objeción.

Desde esta perspectiva, una objeción al precio puede producirse en todos los rangos de precios, desde los bajos hasta los muy altos. Por definición, "caro" se refiere a algo en un rango de precios más alto, pero "demasiado caro" podría ser algo que cuesta poco en sí mismo. Para todas las situaciones básicas, en el libro encontrarás procedimientos o respuestas adecuadas.

LA GESTIÓN DE LAS OBJECIONES DEBE AJUSTARSE A LA ESTRATEGIA DE PRECIOS

Para todas las reacciones de tus clientes ante la mención de un precio, encontrarás una o más variantes de manejo de las objeciones: descarada, educada, humorística, mortalmente seria, emocional y racional. Encontrarás respuestas a objeciones sobre precios que solo podrás utilizar en casos muy raros y otras que te servirán muy a menudo. Existen muchas variantes formuladas para productos físicos, pero normalmente pueden adaptarse igual de bien a los servicios.

En última instancia, la respuesta correcta depende de tu estrategia como vendedor, de la reacción y la persona del cliente, de la situación o el caso comercial, de la relación entre tú y tu cliente y, lo más importante, de ti mismo y de tu personalidad.

No todo vale para todo el mundo y, desde luego, no todo el tiempo. Pero cuantas más opciones tengas para hacer frente a las objeciones sobre el precio, más posibilidades tendrás de conseguir un precio más alto, unos honorarios más elevados y un mejor margen de contribución.

Hay que reconocer que algunas variantes de respuesta o estrategias basadas en preguntas del libro son muy "descaradas". No solo requieren una dosis de valentía para utilizarlas, sino también situaciones muy especiales en las que encajan o son apropiadas. Esto es lo que he observado sobre todo con las variantes individuales, pero aunque no sea el caso, sabrás de cuáles hablo. Puede que nunca llegues a aplicarlas, pero en un libro que ofrece la colección más completa de respuestas a "demasiado caro", hay que incluirlas. Y aunque algunas parezcan francamente exóticas, no cabe duda de que hay situaciones en las que son una respuesta razonable.

Lo mejor que puedes hacer, por tanto, es leer todas las variantes de una vez y marcar aquellas (sí, puedes anotarlas en este libro) que se ajusten a ti, a tus clientes y a las objeciones y situaciones que se dan con más frecuencia en tu consulta.

Si siempre tienes a mano un puñado de esas respuestas y formas adecuadas de reaccionar ante las objeciones de precio y, sin tener que pensar demasiado, puedes sacártelas de la manga en una conversación, ya habrás conseguido mucho.

Imagen: Fotolia 194590138 S

CÓMO GESTIONAR CON ÉXITO LAS OBJECIONES

Aunque una discusión o negociación sobre el precio es una situación especial durante un proceso de venta, las objeciones sobre el precio en las variantes enumeradas anteriormente también son solo objeciones. Por ello, antes de empezar con las variantes de respuesta a un "demasiado caro" de tu cliente, me gustaría explicar brevemente el procedimiento general sobre cómo puedes tratar las objeciones de todo tipo.

LOS ERRORES MÁS COMUNES AL TRATAR CON OBJECIONES

Lo mejor es empezar por los errores más comunes:

- **Reacción con solo pulsar un botón**
  Un error básico es que a menudo reaccionamos con demasiada rapidez, impulsividad y precipitación ante una objeción. Tu reacción también puede llegar más tarde, después de respirar un poco, o mucho más tarde, como al día siguiente o al cabo de una semana; depende totalmente de la objeción.

- **No dejes que un cliente termine**
  A menudo, una respuesta rápida significa que el vendedor ni siquiera deja que el cliente termine y le interrumpe cuando todavía está planteando su objeción. No solo es

descortés, sino que además puede perderse información valiosa.

- **Quieres refutar la objeción**

  La mayoría de los vendedores asumen firmemente que hay que rebatir todas las objeciones. Esta suposición es falsa. De ningún modo hay que refutar o eliminar todas las objeciones. ¿Cuántas veces has comprado algo a pesar de tener objeciones? Encontrarás ambos enfoques en el libro, y sí, por supuesto, hay objeciones que debes debilitar, corregir o incluso eliminar, pero no son ni mucho menos todas.

- ***"Sí, pero..."***

  Esta es exactamente la reacción impulsiva que muy a menudo sigue a las objeciones. "Sí, pero..." significa básicamente: "Eso no es cierto, y ahora te diré cómo es en realidad". Esto lleva rápidamente a que ambos interlocutores se enreden aún más en sus respectivos puntos de vista con contraargumentos. Así, cimentan sus puntos de vista cada vez con más firmeza hasta que, en un momento dado, ya no pueden salirse de ellos, y el acuerdo en cualquiera de sus formas se hace imposible.

- ***"Pero, a cambio, también tienes / obtienes ..."***

  Esta variante de "Sí, pero...", o a menudo en relación con ella, "Sí, pero para eso también tiene...", es una defensa del vendedor. Empiezan a justificar su precio, y esto debilita su posición como vendedor. Si justificas el precio, significa que su posición es débil, y que eres demasiado caro.

- **"No debes..."**
El cliente puede decidir por sí mismo lo que debe y no debe hacer. A menudo esta declaración se completa así "No puede comparar nuestro producto con XY. Es algo completamente distinto". Esto puede ser cierto, pero sería fundamentalmente erróneo decírselo así al cliente. Eso es paternalismo, y muchos clientes se resistirán con razón a esta postura.

- **"Debes..."**
Esta afirmación es como la anterior. También provoca la resistencia de muchos interlocutores, y "debe" tiene un efecto aún más fuerte que "no debe".

- **"Nunca había oído algo así".**
Esto también es muy común. No solo, pero sobre todo en el caso de las quejas, se oyen a menudo frases como esta. El cliente plantea una objeción que, bajo su punto de vista, tiene sentido y está justificada. Con esta afirmación, el vendedor les hace entender que son los únicos que lo ven así y que, por tanto, es una opinión errónea o "sin sentido". Este enfoque tampoco favorece la creación de una buena base para el éxito de una transacción de venta.

CÓMO TRATAR LAS OBJECIONES

Ahora que hemos destacado lo que no hay que hacer en caso de objeción de un cliente, la cuestión es cómo proceder. En principio, el enfoque más acertado es el opuesto a los errores enumerados. En concreto, esto significa dar los siguientes pasos y hacerlo en el orden indicado.

1. **Actitud básica relajada**

   Una actitud básica relajada, que suele ser muy recomendable durante una charla de ventas, también es muy útil a la hora de enfrentarse a objeciones. Le quita presión a la situación. No hay que reaccionar inmediatamente, sino darse más tiempo para que no surja el impulso de refutar la objeción. Y, desde luego, no tienes que defenderte desde esta posición. Respira con calma y mantén el contacto visual. "Mira con inteligencia y sigue respirando", así de tajante se expresaba uno de mis profesores.

2. **Escuchar y oír**

   Bajo la presión de tener que responder inmediatamente y refutar una objeción, los vendedores a menudo se olvidan de las palabras de sus clientes. Simplemente escucha, escucha de verdad, y espera paciente y atentamente hasta que el cliente haya dicho todo lo que quería decir. Mientras lo haces, mantén el contacto visual y, si procede, haz preguntas de respuesta del tipo: "Entonces eso significa, si te he entendido bien, que quieres decir...". Asienta con la cabeza y emita sonidos de acuerdo (ajá), lo que no significa que esté de acuerdo con el contenido, sino que está demostrando que realmente escucha e intenta comprender sinceramente. Esto hace que el cliente se sienta tomado en serio y apreciado. Se trata de una base de enorme importancia para la gestión posterior de una objeción, especialmente una objeción de precio.

3. **Expresar agradecimiento y aprecio**

   Este paso suele combinarse con el segundo, lo cual está muy bien. ¿Por qué hay que dar las gracias al cliente por objetar, aunque sea al precio? En este punto es una pregunta justa y comprensible. Imagínate que tu cliente no expresa su objeción, pero sigue teniéndola en mente.

En lugar de eso, pone una excusa (tipo "me lo volveré a pensar"), se marcha y no se le vuelve a ver.

¿Qué prefieres? Si tu cliente expresa su objeción, te está haciendo un favor. Después de todo, puedes responder y hacer algo al respecto; es una oportunidad. "Gracias por ser tan abierto sobre esto. Te lo agradezco mucho". Puedes expresar tu agradecimiento de esta forma o con algo similar.

4. **Cuestionar la objeción**

Las objeciones, incluidas las de precio, suelen ser poco claras, generales y poco concretas. "Demasiado caro", "¿Qué otra cosa es posible?" o "Pero si ya me lo han ofrecido más barato" distan mucho de ser bases suficientes para cualquier respuesta significativa. Por eso, en un siguiente paso, cuestiona la afirmación del cliente.

"¿Qué quieres decir exactamente con "demasiado caro"?". Por ejemplo, esta pregunta podría formularse así. La pregunta "¿Qué quieres decir exactamente con XY?" encajará bien con muchas objeciones. Cuando el cliente responda, a menudo será necesario seguir preguntando. "¿Qué más?" o "¿Cómo se supone exactamente que tengo que entender esto?" pueden ser preguntas de seguimiento. No te des por satisfecho hasta que creas haber entendido realmente lo que dice o quiere tu cliente.

Aparte de la información que obtienes de sus respuestas, ganas tiempo para pensar en los siguientes pasos mientras ellos responden, sin parecer distraído, por supuesto. Y lo que es más importante, mantienes el liderazgo en la conversación porque "quien pregunta, guía".

5. **Resolver la objeción**

   Resolver una objeción de precio no siempre será posible y a veces ni siquiera necesario. Pero, si lo es, conviene hacerlo lo antes posible. Antes de eso, simplemente sabes demasiado poco, y tu cliente sigue sintiendo que no se le entiende del todo o que no se le toma en serio.

Como verás, este enfoque básico para tratar las objeciones no será compatible con las más de 118 respuestas de este libro. No obstante, es importante conocerlas y, con independencia de los procedimientos y variantes que se exponen a continuación, utilizarlas repetidamente. Combínalos como creas conveniente con la estrategia de tu elección.

Pero ahora pasemos a las más de 118 respuestas a las objeciones de precio que promete el título del libro.

118 VARIANTES DE TRATAMIENTO DE LAS OBJECIONES DE "DEMASIADO CARO"

Para facilitar la búsqueda de determinados tipos de gestión de objeciones, las más de 118 variantes se dividen en categorías. Algunas respuestas encajarían en varias categorías.

A menudo, también pueden combinarse dos o más de las variantes en el curso de la discusión sobre el precio o incluso en una misma frase.

RECHAZO Y RETIRADA

Estas variantes de la gestión de objeciones son adecuadas para mostrar muy claramente que "se acabó" aquí y ahora. Puedes utilizarlas al principio de una discusión sobre el precio para dejar claro que no hay margen de negociación o en el transcurso de la negociación del precio, cuando no puedas o no quieras ir más allá. Por lo tanto, también debes estar preparado para no cerrar el trato. Fiel al lema: "Mejor ningún trato que uno en el que pierdas dinero".

A propósito, esto es algo que se aplica a las negociaciones de precios en general. Si quieres estar en una posición fuerte en una negociación, debes estar preparado para dejar la negociación sin un resultado o con un "no" del cliente. De lo contrario, estarás en una posición débil desde el principio. Si el cliente lo sabe, tiene pocas posibilidades de terminar la negociación de precios a medias y conseguir márgenes saludables y márgenes de contribución.

1.   *Es una pena, pensaba que íbamos a hacer negocios.*

Esta variante es más eficaz si la combina con una declaración de lenguaje corporal (n° 91 o n° 92) e intenta marcharse. El cliente debe darse cuenta de que va en serio. Inclínate hacia atrás de forma demostrativa, cierra tus documentos de golpe, empieza a recoger y, si es necesario, empieza a marcharte.

2.   *Podemos hablar de todo menos del precio.*

Puedes utilizar esta variante justo al principio de una conversación, antes incluso de que tu cliente plantee una objeción sobre el precio. Así deja claro desde el principio que no está dispuesto a negociar el precio. Sobre todo, los clientes que "lo hubieran intentado", es decir, los clientes con objeciones de precio débiles que intentan conseguir un precio mejor, se verán disuadidos si muestras fuerza de esta forma desde el principio.

3.   *¡No! No puedes porque ...*

Decir "no" nos resulta muy difícil por varias razones, y al mismo tiempo es una de las habilidades más importantes y rentables en los negocios. La relación con el cliente es muy buena y no queremos ponerla en peligro. Quizás el cliente ya nos ha hecho un favor o estamos a final de mes y todavía necesitamos ventas desesperadamente. Estas son probablemente las razones más comunes de nuestra aversión a la palabra "No".

Sin embargo, puedes aumentar significativamente la aceptación del "No" por parte de tu cliente con un pequeño truco comunicativo y psicológico. Por cierto, esto también hará que le resulte un poco más fácil decir "No". Añade una razón al "No" que introduces con "porque". Los estudios han demostrado que "No, porque..." aumenta significativamente la aceptación del cliente. Por cierto, esto también se aplica a situaciones en las que has cumplido peticiones o quieres hacer cumplir exigencias. La justificación no tiene por qué ser especialmente creativa. También basta con un "No, porque ya hemos hecho cálculos muy ajustados" o "No, porque los precios de las materias primas han subido mucho".

"No, porque..." también es algo que se puede decir varias veces seguidas. Se le llama entonces el "no-huevo". Sin embargo, es mejor introducirlo con una frase de comprensión y cambiar un poco las palabras, para que no suene demasiado monótono. Por ejemplo, cliente: "¿puede hacer algo más con el precio ahí?". Vendedor: "Comprendo perfectamente que esté cuidando su presupuesto. Sin embargo, no puedo hacer nada más con el precio porque..."

Imagen: Canva

Bonus 1: Te lo digo de entrada, no me vas a querer.

Esta forma de tratamiento anticipado de las objeciones al precio puede aplicarse con éxito a artículos de precio elevado o, como en este caso, a servicios. Un colega estadounidense, John, compartió cómo lo aplica durante un seminario.

Un cliente potencial, un ejecutivo de alto nivel, se presenta en respuesta a una recomendación. "Hemos comprado una empresa y queremos fusionar las organizaciones de ventas, y me han recomendado a ti como experto para hacerlo". John: "Estoy encantado, pero no me querrán". Cliente (irritado): "¿Por qué no te querría?". John: "Soy muy caro. Cobro XY dólares al día y sé por experiencia que por eso muchos clientes no me contratan."

El cliente ahora tiene dos opciones. Puede decir: "Tienes razón, John. En ese caso, yo paso". Por supuesto, eso sería una acusación a un ejecutivo de alto nivel de una empresa más grande. O podrían decir: "John, puedes estar seguro de que disponemos de los recursos necesarios para una consultoría profesional". De este modo, las objeciones sobre el precio quedan descartadas desde el principio.

¿Demasiado americano? ¿No funcionaría en Europa? Piensa en el anuncio de Crisan (un champú anticaspa) de los años 70 y 80 que proclamaba con orgullo: "Crisan es carísimo, pero funciona". De forma ligeramente modificada, sin duda puedes decirle a tu cliente al principio de la conversación: "De entrada, probablemente estemos hablando de una inversión importante, del orden de 25.000 euros".

EVASIÓN

Evadir o incluso ignorar una objeción de precio es un método de gestión de objeciones que puede utilizarse bien, especialmente en los casos en que la objeción es débil o cuando se observa que el cliente "solo pregunta" pero no exige. En tal caso, también pueden utilizarse muy bien las variantes de la categoría anterior (negativa y retirada).

Si la cuestión del "precio más bajo" es realmente importante para el cliente, la objeción volverá. Si no es así, ¿para qué molestarse en hacer una objeción sobre el precio?

4. Ignorar y no reaccionar en absoluto

La forma más difícil de esquivar la cuestión es seguir hablando como si no hubiera pasado nada. Esto funciona especialmente bien con las objeciones de precio en forma de afirmación ("¡Pero si eso ya es caro!"), pero es más difícil de utilizar con objeciones en forma de pregunta, como "¿Cuánto descuento me puede hacer ahí?". Este enfoque podría percibirse como muy descortés.

5. Ya veo, así que el precio es más alto de lo esperado. ¿Puedo hacerle una pregunta? ¿Qué opina de la calidad de fabricación?

Esta variante es la forma mucho más elegante de enfrentarse a las objeciones esquivándolas. Sin embargo, consta de varias partes.

En la primera parte, repites la afirmación del cliente, si es necesario, ligeramente modificada mediante un reencuadre. En la siguiente sección aprenderás qué es el reencuadre y cómo utilizarlo con éxito. Así, expresas que comprendes al cliente. Sin embargo, esto no significa que esté de acuerdo con él.

A continuación, pregúntale si puedes hacerle una pregunta. El cliente siempre responderá "sí" a esta pregunta.

En la segunda parte, haz una pregunta sobre un elemento que sepas que el cliente aprecia especialmente de tu oferta, por ejemplo, la calidad de la mano de obra, la flexibilidad o la durabilidad, algo de lo que el cliente espera obtener mucho valor pero que no tiene nada que ver directamente con el precio y desvía la atención de la objeción sobre el precio.

Una vez que el cliente haya respondido, puedes hacerle más preguntas para alejarte aún más de la cuestión del precio.

Bonus 2: Ah, se me acaba de ocurrir otra cosa. ¿Es la dimensión del neumático adecuada para ti?

Sin embargo, también puede hacer directamente una pregunta que suena como si se le acabara de ocurrir. Como tu mente estaba ocupada con esta pregunta, has pasado por alto la objeción sobre el precio. Al menos, esa es la impresión que se llevará el cliente.

Si el cliente vuelve a plantear su objeción al precio después de una de estas variaciones de su respuesta, entonces se debe continuar con otro método apropiado de este libro.

REENCUADRE O REINTERPRETACIÓN

El reencuadre o reinterpretación es una estrategia de comunicación que puede utilizarse no solo para tratar objeciones, sino también en muchas otras situaciones. Se puede distinguir entre el reencuadre del significado y el reencuadre del contexto.

En el reencuadre del significado, que puede utilizarse muy bien en la gestión de objeciones, se atribuyen significados diferentes a las palabras o acciones del cliente. La objeción del precio, por ejemplo, significa que el cliente quiere comprar. Si el cliente no tuviera ningún interés en comprar, probablemente ni siquiera se molestaría en plantear una objeción al precio.

La reformulación del significado también implica sustituir las palabras del cliente por otras más positivas (o a veces deliberadamente negativas). "Caro" se convierte en "valioso" o "de precio elevado", una "objeción al precio" se convierte en "feedback" y un "rechazo" en un "todavía no estoy de acuerdo".

El reencuadre del contexto también puede utilizarse en la gestión de objeciones. En este caso, una misma acción se evalúa de forma muy distinta en contextos/situaciones diferentes. Por ejemplo, en términos de cumplimiento de presupuestos, puede ser malo comprar algo caro. Pero cuando se trata de mostrar al entorno social lo que uno puede permitirse, el precio de un producto a menudo no puede ser lo suficientemente alto.

6.   *Así que crees que el precio todavía no es lo que quieres.*

Supongamos que el cliente dice: "Ese producto es demasiado caro para mí". En esta respuesta hay varias palabras que refutan. "Todavía" significa "llegará", "no del todo" significa "pero un poco", y "cumple las expectativas" es menos malo que "demasiado caro".

7. ¿Querías algo MÁS BARATO?

En este caso, el deseo del cliente de una reducción del precio se reinterpreta negativamente. Puedes reforzar esto enfatizando la palabra "más barato" mientras contorsionas ligeramente la cara y mueves la cabeza muy levemente como si fuera algo desagradable, incluso repulsivo. Un precio más bajo es lo que muchos quieren, pero algo "barato" es lo que nadie quiere. Los clientes quieren comprar productos y servicios valiosos.

8. El hecho de que me pidas un precio más bajo significa que lo quieres. ¿Lo veo bien?

Este tipo de tratamiento de las objeciones mediante el reencuadre convierte la objeción al precio, que a menudo se considera negativa, en algo positivo. El cliente es inducido a creer que la objeción al precio es una expresión de su deseo de comprar. Esta variante aumenta la presión para cerrar el trato (véase también la categoría "Orientación al cierre").

Cliente: Estás loco por cobrarme tanto.
Vendedor: ¡¿Por qué?! - ¿¿¿Querías algo BARATO???
Imagen: Shutterstock

9. ¡Exacto! ¡Es un producto valioso!

Decir "cierto" después de que tu cliente declare: "¡Es mucho lo que pides!" hace que le resulte difícil discrepar de tu afirmación. La expresión "valioso" utilizada en lugar de su "caro" tiene una connotación positiva. Tras esto, no digas nada más; simplemente mira al cliente y sigue adelante en el proceso. También puedes apoyar esto verbalmente diciendo algo como: "Bueno, ahora que hemos hablado de eso, la única pregunta que queda es...". ¿Un poco descarado? Sí. Pero el descaro triunfa, como todos sabemos.

10. Gracias por tus comentarios. ¿Eso significa que aún necesitas más información para evaluar correctamente el valor para ti?

Aquí, la objeción del cliente como tal se transforma en "feedback", convirtiendo así algo negativo o crítico en algo positivo. Además, esta afirmación aleja al cliente del precio y lo acerca al valor. No se trata de bajar el precio; esto está prácticamente excluido como opción, sino de aumentar el valor, que ya existe en la mente del cliente.

11. Eso significa que solo son unos 100 € más de lo que querías gastarte en un principio.

En este caso, el replanteamiento radica en la estructura de la observación. En lugar del precio total, la atención se centra en la diferencia de precio. Este importe es, naturalmente, significativamente inferior y, por tanto, más fácil de asimilar. El reencuadre se ve reforzado por el "solo", de modo que "caro" se convierte en "no tan malo".

Bonus 3: Todo depende de lo que sea importante para ti y de lo que intentes conseguir. Muchos de mis clientes lo eligen PORQUE parece y es caro, y eso es un factor decisivo en cómo se ve de cara al exterior.

En este contexto, reenmarcar al cliente permite comprender que hay situaciones y finalidades de tu producto en las que es importante que sea caro y funcione. La aparente desventaja se convierte así en una ventaja de peso.

ESTAR DE ACUERDO

Las siguientes variantes de gestión de objeciones pueden utilizarse con gran éxito cuando el cliente comenta que el precio es muy alto pero no dice "demasiado caro". Después de todo, que piensen que el precio es alto o que algo es caro no significa que no vayan a comprarlo. ¿Cuántas veces has comprado algo cuyo precio te ha hecho sudar o era significativamente superior a lo que habías pensado gastarte? Entonces, ¿por qué discutir y no limitarse a decir: "¡SÍ, es verdad!"?

12.   *Cierto. Como suele ocurrir, la calidad tiene su precio.*

En este tratamiento de la objeción, el consentimiento se utiliza para enfatizar la calidad de la oferta utilizando un precio elevado como prueba de alta calidad. Esta conexión entre calidad y precio está firmemente anclada en todos nosotros y funciona en esta dirección. A menudo inferimos una calidad correspondientemente alta de un precio elevado, especialmente cuando no compramos algo a menudo.

13. ¡Exactamente! ¡Eso cuesta dinero de verdad!

¿Por qué ocultar el precio? Los precios altos son a veces algo de lo que enorgullecerse como vendedor. A veces incluso se produce un ligero reencuadre en sentido contrario. El cliente dice "un poco mucho" y el vendedor lo convierte en "una gran oferta".

14. ¡Así es! ¡Este es el producto más caro del mercado!

Este tratamiento de la objeción es la continuación lógica del n° 13. El propio precio es el criterio de calidad. Esto significa que, para algunos productos o servicios, la calidad aumenta a los ojos del cliente a medida que suben los precios. Este efecto se denomina elasticidad inversa de los precios.

15. Puedo entender que lo veas así.

Sin argumentos, sin replanteamientos, simplemente comprendiendo, pero, estrictamente hablando, no estando de acuerdo. Se puede comprender un punto de vista, pero no es necesario estar de acuerdo con él. Por lo tanto, esta variante del tratamiento de las objeciones también es aplicable a los puntos de vista contrarios. A menudo, esto es suficiente. A veces, los clientes no quieren una solución, sino comprender su situación.

Imagen: Shutterstock

ACLARAR LAS COSAS

En muchos casos, las objeciones al precio son muy difusas y poco claras. "Demasiado caro", por ejemplo, implica una comparación (el "demasiado"). Pero, ¿con qué lo compara el cliente? ¿Su presupuesto, su última compra, lo que pensaba que costaría, o lo que su pareja o jefe dijo que era el límite máximo? A menudo no lo sabemos. Por eso es importante aclarar las cosas antes de seguir adelante con la conversación sobre el precio, y eso se consigue sobre todo haciendo preguntas.

16. *¿Qué quieres decir exactamente con "demasiado caro"?*

Esta pregunta puede causar una ligera confusión en el cliente. No sabe exactamente a qué te refieres y empieza a explicar su punto de vista. A veces, esta pregunta produce ideas totalmente nuevas para el vendedor. Si el cliente dice "demasiado caro", casi siempre se puede utilizar esta pregunta como primera aproximación. A partir de la información adicional que obtengas de las respuestas, podrás decidir cómo proceder.

17. *¿Cuánto es "demasiado caro"?*

Si el cliente te dice su precio de venta o la diferencia entre el precio de venta y su precio, tienes ventaja. A menudo, el vendedor comete un error aquí, en las negociaciones sobre el precio, y dice primero cuánto estaría dispuesto a ceder. Pero al mismo tiempo, es justo decir que su respuesta puede no ser la verdad. Es posible que el precio objetivo sea mucho más bajo de lo que esperan obtener de ti. Como resultado, fijan un precio bajo a partir del cual tú, el vendedor, debes subir el precio.

18. *¿Por qué?*

Un simple "¿Por qué?" combinado con una mirada de asombro absoluto y ligera preocupación puede ser muy desarmante. Permite todo tipo de respuestas por parte del cliente, lo que a su vez puede aportarle más claridad y comprensión de su perspectiva. Es una respuesta que el cliente no espera de ti, lo que puede desconcertarle y confundirle un poco. Y este tipo de confusión a veces puede ser beneficiosa en las discusiones sobre precios.

De este modo, se invierte la presión argumental. Ya no eres tú, como vendedor, quien debe presentar argumentos que justifiquen el precio; ahora, el cliente debe explicar su demanda de reducción de precio y justificarla ante ti. Esta situación es mucho más satisfactoria para el vendedor.

19. *¿Y cuál es exactamente tu umbral máximo de dolor en términos de precio?*

Esta variante de la gestión de objeciones es como la nº 17, salvo que incita al cliente a ir más allá y revelar su límite real en lugar de solo su precio o idea deseados. Puedes hacer esta pregunta después de que el cliente haya revelado su precio. De este modo, da a entender indirectamente que el precio o el descuento que le han dado no es su verdadero límite. Incluso si esto puede parecer un poco extraño, es muy posible que tu cliente aumente su precio deseado o suavice su demanda en respuesta a esta pregunta.

20. ¿Demasiado caro? ¿En comparación con qué?

Como se mencionó al principio del capítulo, es importante que tú, como vendedor, sepas con qué está comparando tu cliente cuando dice "demasiado caro". Entonces podrás elegir tu estrategia en consecuencia. Para tu enfoque continuo, es muy diferente si tu cliente compara con su presupuesto autoimpuesto, con lo que su pareja pensó que costaría, con el producto de un competidor, que puede no ser comparable en absoluto, o con lo que pagó hace tres años cuando compró el producto por última vez.

21. ¿Y no lo comprarías o no lo comprarías por eso?

El contraataque suele ser la mejor defensa. En lugar de intentar mitigar la objeción del precio, simplemente pregúntale al cliente si es tan importante que compraría o no compraría debido a ella. Si la objeción es más bien débil, tu cliente contraatacará y dirá algo como: "Eso no, me gusta tu oferta, sí. Solo quería..." y entonces su posición negociadora se verá reforzada. Si dicen la palabra "Sí", al menos sabrás que van en serio.

Bonus 4: "¿Y dejarías/dejarías que el negocio fracasara por eso?".

Con esta variante ligeramente ajustada a la anterior, prácticamente culpas al cliente del fracaso y le echas la carga sobre los hombros.

22. Aparte del precio, ¿hay algún punto que debamos aclarar?

Esta variante de la gestión de objeciones es extremadamente importante. El precio de la oferta debe ser lo último que se discuta. Solo tiene sentido cuando está claro qué quiere exactamente el cliente y en qué forma. Por lo tanto, hay que eliminar cualquier ambigüedad antes de hablar del precio.

Esto evitará también que el cliente siga la táctica del salami: después de acordar un precio, pasa a las condiciones de pago, luego a la entrega y así sucesivamente. Algunos negociadores y compradores profesionales tienen siete, ocho o incluso más temas sobre los que negociar. Con este planteamiento, "obligas" a tu interlocutor a poner todas sus cartas sobre la mesa.

23. ***¿Se trata para de comprar barato o a bajo precio?***

"Barato" y "favorable" no son lo mismo. "Barato" se refiere a la cantidad absoluta, mientras que "favorable" expresa una relatividad, una comparación. Una cosa puede ser muy cara, pero seguir siendo barata. Esta sutil diferencia en relación con tu cliente crea claridad para tu estrategia de negociación y posterior enfoque en la conversación de ventas.

COMPARACIÓN CON LA COMPETENCIA

Las objeciones sobre el precio suelen presentarse en forma de comparación con la competencia. Se trata de mencionar la oferta de un (supuesto) competidor que es mucho más barata. Aunque así sea, es importante asegurarse de que se comparan manzanas con manzanas. De nuevo, el objetivo es crear más claridad, así que trabaja a menudo con preguntas en lugar de afirmaciones o argumentos para manejar las objeciones.

24. *¿Puedes hacerme llegar esta oferta?*

No todos los clientes lo harán, pero puedes preguntárselo. La mejor manera de hacerlo es que la pregunta suene informal. Aumentará la probabilidad de conseguir la oferta competitiva si combinas la pregunta con una explicación. Introduce esta explicación con "porque". Esto, como se ha mencionado antes, aumenta la probabilidad de que tu cliente esté de acuerdo. "¡Porque esta es la mejor manera de comparar las dos ofertas!". Pero ¡cuidado! Procede con tacto. No querrás dar a entender que el cliente no puede hacerlo por sí mismo.

25. *¿Serías tan amable de enviarme por correo electrónico el presupuesto para que pueda contrastar los dos por ti?*

Este tipo de objeción es una extensión de la anterior. Formulas una pregunta pero entonas tu deseo de la oferta del competidor como una "orden", aunque muy amable. Lo haces bajando el tono de voz al final de la frase. Inconscientemente, esto se asocia a una orden.

Hazlo de tal manera que suene informal, como si estuvieras pidiendo una pequeña cosa, un procedimiento común, una cuestión de rutina.

26. *¿Quién lo ofrece exactamente más barato?*

Esta cuestión debería plantearse en la discusión sobre el precio, especialmente si el cliente se muestra muy general y poco específico al mencionar la oferta del competidor.

27.   ¿Qué ofreces exactamente?

A menudo se comparan las manzanas con las naranjas. Esta pregunta intenta aclarar la comparación.

28.   ¿Cuáles son las diferencias con nuestra oferta?

Esta pregunta contiene una presuposición, a saber, que existen diferencias. Sin embargo, se deja al cliente la tarea de nombrarlas. Resulta mucho más convincente si son ellos mismos quienes las plantean.

29.   Y si puedes comprarlo allí, ¿por qué hablas conmigo de ello?

Esta pregunta (un tanto descarada) insinúa acertadamente que el cliente está interesado en comprarte aunque un competidor sea más barato. ¿Hablarían contigo si no fuera así? El razonamiento se deja de nuevo en manos del cliente.

30.   Si ellos, el competidor, pensaran que vale más, serían estúpidos si no cobraran más por ello, ¿no?

Así, del precio más bajo del competidor se deduce que no cree que su producto valga más, lo que tampoco parece lógico. De esta forma, cuestionas la calidad de la oferta del competidor sin atacarla directamente. Es una forma muy elegante de enfrentarse a las objeciones.

31.   ¿Y si tienes un problema con el producto y necesitas ayuda?

Pintar el diablo en la pared es una variante muy extendida y general de la gestión de objeciones o conversaciones en ventas (por ejemplo, clásicamente en seguros). Esta pregunta funcionará especialmente bien si, además del precio, la seguridad es un motivo de compra importante para el cliente y el competidor no puede ofrecer esta seguridad, quizá porque está ubicado en el extranjero o es solo una tienda online.

32. **¿Qué te parece si comparamos las ofertas (si es necesario, sin precios ni condiciones de la competencia) para ver dónde están las diferencias y cómo puedo sacarte aún más partido?**

Te pones del lado del cliente para conseguir lo mejor para él. ¿Pueden oponerse a ello?

33. **Un Mercedes cuesta más que un VW Golf.**

Una afirmación segura que, por supuesto, asume implícitamente que tu oferta es el Mercedes y la del competidor es el Golf. En el sector del automóvil, esta variante de la gestión de objeciones debe adaptarse en consecuencia.

Imagen: Shutterstock

PASO A PASO

i recibimos algo, debemos dar algo a cambio. Se trata de un principio fundamental de la interacción humana. Es casi una compulsión de la que nos resulta muy difícil escapar, ¿o es que acaso te las arreglas para no devolver algo a alguien que te hace un regalo de Navidad? Este principio se basa en el mecanismo psicológico de la reciprocidad.

Por ello, es natural y lógico preguntar qué te daría el cliente si tú le dieras un precio mejor. El lema es "movimiento por movimiento". Al fin y al cabo, si dieras un precio mejor sin recibir nada a cambio, ¿cómo de respetable habría sido tu precio original?

34. *Sí, con mucho gusto si ...*

En lugar de entrar en la resistencia, simplemente haz una reconvención con este tratamiento de la objeción, en el espíritu de movimiento por movimiento.

35. *¿Qué recibo a cambio?*

Esta versión es como la anterior, salvo que dejas que sea el cliente quien decida qué contraprestación darle. Puede que sea una que aún no se le haya ocurrido o más de lo que se hubiera atrevido a pedir. Esta pregunta contiene de nuevo una preasunción (presuposición), a saber, que recibirás algo en cualquier caso; la pregunta es solo "¿qué?". Para que esta pregunta funcione bien, debes formularla con una cierta implicación de que recibirás algo a cambio.

36. *¿Cuánto más perderías por ello?*

Esta pregunta se utiliza para dirigir la consideración a una mayor cantidad de compra, lo que puede tener sentido en muchos casos. Es el clásico descuento por volumen

37. *No hay problema. ¿Qué quieres dejar fuera?*

¿No es la idea más natural que existe para negociar precios? Si tu cliente quiere, o solo puede, pagar menos, naturalmente recibirá menos servicios de tu parte. Al fin y al cabo, sería más que extraño y poco serio que el cliente, por el mero hecho de pedirlo, pagara de repente bastante menos por lo mismo, aparte de alguna pequeña concesión a una buena relación con el cliente. Es importante que este tipo de objeción a "demasiado caro" se transmita también con el lenguaje corporal y la voz, como si este planteamiento fuera el más natural del mundo.

Imagen: Shutterstock

RACIONALIDAD, RAZÓN Y ADMINISTRACIÓN DE EMPRESAS

Lejos de todos los eslóganes y fintas comunicativas, la racionalidad y las consideraciones comerciales pueden utilizarse muy bien para hacer frente a las objeciones en muchos casos. Sobre todo cuando se trata de ahorros o ganancias que el cliente obtiene gracias a su oferta, tiene mucho sentido utilizar este tipo de argumentos.

38. ***¡No hay problema! ¡Entonces cogeremos el otro modelo más barato!***

Esta respuesta a "demasiado caro" es una variante de la anterior. Es especialmente adecuada cuando un producto está disponible en diferentes gamas de precios o cuando se puede aumentar o disminuir el valor o el precio de la oferta con relativa facilidad añadiendo u omitiendo características o servicios.

39. ***¿Te refieres al precio o al coste?***

Cuando se hace esta pregunta, el cliente suele irritarse y preguntar: "¿Qué quieres decir?". Entonces podrás explicarles la diferencia. El precio es lo que pagan de inmediato o incluso más tarde; el coste, en cambio, puede superar con creces el precio, sobre todo si se calcula a lo largo de la vida útil de un producto. Un producto puede tener costes adicionales a lo largo de su vida útil, o puede tener ahorros que deben tenerse en cuenta en el cálculo del coste. En el caso de los coches, se suele hacer esta comparación de costes (consumo de combustible, seguro, etc.). A continuación se calculan los kilómetros recorridos.

Esta variante de la gestión de objeciones también puede utilizarse muy bien cuando el cliente compara tu oferta con su solución anterior u otra alternativa. Esta puede ser más barata que su oferta, pero mucho más cara si se comparan los costes. Si este enfoque te conviene porque tus precios son altos pero los costes unitarios (km, unidades de tiempo, número de usos, etc.) son muy competitivos, podrías incluso utilizarlo como estrategia de ventas de forma muy básica y comunicar estos costes en lugar de los precios desde el principio.

40. ¿Y cuánto te ahorras utilizando el producto?

Al utilizar productos o servicios, el cliente puede estar ahorrando tiempo, dinero, recursos, etc. Esta objeción se deriva de la anterior. Se trata de demostrar que el precio por sí solo no suele ser un criterio de evaluación adecuado para una decisión de compra. Y si es el propio cliente quien dice cuánto va a ahorrar, y no tú, tanto mejor. Deberías utilizar este enfoque sobre todo si estás seguro de que tu cliente realmente ahorrará dinero al utilizar tu oferta.

41. ¿En cuánto dices que aumentará tu margen de contribución utilizando nuestro proceso?

En la negociación del precio no solo puede citarse el ahorro, como en la variante anterior, sino también márgenes de contribución adicionales o ingresos de algún tipo. Esto puede volver a decantar la comparación de costes a su favor, ya que puede compensar los ingresos con los costes.

Vendedor: Puedo preguntar... ¿se refiere al precio o al costo?
Cliente: ¡Es demasiado caro para mí!
Imagen: Shutterstock

42.   ***¿Y cuánto tiempo te ahorra eso?***

Esta respuesta a la objeción del cliente apunta específicamente al tiempo ahorrado y es una variante de la nº 40. Cuál de estas variantes utilices también depende de lo que sea especialmente importante para el cliente: sus costes, su tiempo (nº 43), el rendimiento, la seguridad o incluso la sencillez y la ausencia de problemas. De este modo, puedes abordar directamente todas las necesidades humanas potenciales y utilizarlas para gestionar las objeciones.

43.   ***¿Y cuánto vale para ti el tiempo que ahorras?***

Muchas personas ni siquiera saben cuánto vale su tiempo. Con esta pregunta, animas al cliente a pensar en ello. En muchos casos, el cálculo resulta en un gran argumento a favor de tu oferta.

44.   ***La pregunta es: ¿realmente quieres tomarte la molestia de conseguir unos cuantos presupuestos más, pasar horas estudiándolos y comparándolos, solo para acabar ahorrándote quizá un pequeño porcentaje?***

¿No has experimentado a menudo lo tedioso que puede ser obtener y comparar ofertas y lo aliviado que te sientes cuando has tomado la decisión -esperemos que correcta-? Con este tipo de tratamiento de las objeciones, le das al cliente la oportunidad de ahorrarse este esfuerzo y acortar el proceso de decisión. Si, como en la variante anterior, han calculado el valor de su tiempo, la comparación más detallada de las ofertas tampoco les compensa.

45. *Por eso tengo la oferta de financiación adecuada para ti.*

¿Demasiado caro? No hay problema. ¿Para qué sirve la financiación? Hoy en día, los clientes financian casi todo, desde planchas de vapor hasta equipos industriales. La financiación, en forma de leasing, crédito, etc., tiene muchas ventajas para ti como vendedor, pero también para el cliente. En primer lugar, elimina o al menos reduce la molestia de tener que desembolsar una gran suma de dinero de inmediato.

En segundo lugar, tu oferta se convierte en asequible para el cliente, aunque no disponga en ese momento de los fondos para ello. En tercer lugar, los importes, por ejemplo en el caso del leasing de coches, suelen parecer muy pequeños cuando se desglosan en meses, y por último, pero no por ello menos importante, puedes mejorar tu margen de contribución mediante la financiación a través de comisiones de la entidad financiadora. Para el cliente, los importes mensuales más pequeños no solo hacen que los gastos sean más llevaderos, sino también más fáciles de planificar.

Vendedora: ¡Por eso también tengo exactamente la financiación adecuada para ti!
Cliente: ¡Esto se sale de mi presupuesto!
Imagen: Shutterstock

46. *Una pregunta: ¿quieres poseerlo o utilizarlo?*

Una versión muy puntillosa de la pregunta sobre financiación, que apunta al hecho de que con el leasing no eres el propietario, pero sigues obteniendo el beneficio del uso completo. Esta pregunta de manejo de la objeción irritará a muchos clientes y preguntarán: "¿Qué quieres decir?". Y ya estás fuera de la objeción y discutiendo una opción de solución. Además, la financiación dificulta la comparación de precios porque habría que comparar muchos factores. Y una menor comparabilidad es buena para ti si tu oferta no es la más barata (pero puede ser la más barata).

47. *¿Cuánto tiempo piensas utilizar el producto y cuánto invertirás al mes?*

Con esta forma de responder a la objeción de un cliente en la negociación del precio, se desvía la atención del cliente del precio absoluto y se desglosa en una consideración mensual menos dolorosa. Una vez más, si el cliente lo deduce por sí mismo, resulta más convincente. Fomenta la autoconciencia de tus clientes siempre que sea posible, especialmente en las discusiones sobre precios.

Bonus 5: *Esto significa que estamos hablando de una diferencia de XY euros.*

Con este enfoque, la atención se desplaza del precio total a la diferencia con un precio comparable. Puede ser la oferta de un competidor, el presupuesto del cliente o incluso una segunda variante de oferta más cara que el cliente podría considerar. La ventaja aquí es que esta cantidad es mucho menor que el precio total. También puedes combinar esta estrategia con la nº 47 y desglosar la diferencia en función de la duración del uso (años, meses o incluso días, según el producto o servicio) o incluso del número de usos previstos. Esto suele hacer que la cantidad en juego sea muy pequeña rápidamente y parezca más fácil de superar.

CREAR VALOR AÑADIDO

Los clientes compran cuando creen que el valor que van a recibir supera el precio que van a pagar. Y si aún así no lo hace, hay dos maneras de manejar esa objeción. Bajar el precio o aumentar el valor.

La mayoría de los clientes, al igual que los vendedores, suelen preferir pensar únicamente en bajar el precio. Pero, ¿por qué no aumentar el valor? Por ejemplo, ¿añadiendo un extra o prestaciones adicionales? Para ti, como vendedor, esto tiene la ventaja de que los costes adicionales suelen ser mucho menores que el aumento de valor o el beneficio adicional para el cliente.

48. *¿Qué más debería (puedo) añadir para que la relación calidad-precio sea la adecuada?*

Al hacer esta pregunta, asumes que tu cliente está abierto a un servicio adicional en lugar de una reducción de precio. La ventaja de pedir al cliente que añada algo es que puede tener una idea de valor añadido que a ti no se te haya ocurrido. La desventaja es que el cliente puede pedir algo más que no puedes o no quieres añadir gratuitamente. En ese caso, tendrías que rechazar la propuesta.

49. **_Podríamos, por supuesto, hablar de bajar el precio, o podríamos trabajar juntos para encontrar formas de aumentar el valor para ti que, en última instancia, te beneficiarán mucho más. ¿Qué te parece?_**

Se trata de una variante mucho más suave que la anterior de disuadir al cliente de la idea de reducir el precio a cambio de prestaciones adicionales. Su desventaja es que el cliente podría, y a menudo lo hará, volver a optar inmediatamente por la reducción del precio. Sin embargo, también podría despertarles tanta curiosidad que quisieran saber cómo propone aumentar el precio. Merece la pena probar este enfoque.

Bonus 6: ¿Qué pasa si añado XY euros gratis a tu paquete; entonces estamos en el negocio?

Con esta versión, haces una propuesta de aumento de valor en lugar de pedírsela al cliente, como en la estrategia nº 48. De esta forma, naturalmente solo propones algo que también esté bien para ti desde el punto de vista de los costes. De este modo, naturalmente solo propondrás algo que también esté bien para ti desde el punto de vista de los costes, por lo que tendrás más control que en la nº 48 sobre este punto. Si has hecho una evaluación clara de las necesidades, también sabrás lo que le interesa especialmente al cliente.

Bonus 7: Aparte de una rebaja del precio, que debo descartar, ¿qué más puedo hacer para que la oferta sea lo suficientemente atractiva como para que digas que sí?

Si procedes de este modo, excluyes las variantes del incremento de valor que te resulten desfavorables o simplemente inviables. De esta forma, sin embargo, puedes excluir no solo una reducción de precio, sino también, en principio, todo lo demás que no esté bien para ti.

CAMBIO DE ROL

Como vendedor, en muchos casos puede facilitar mucho la gestión de las objeciones invirtiendo los papeles y dejando que el cliente haga la venta por sí mismo. Deja que se ponga en tu lugar. Las preguntas son una buena herramienta para ello. Deja que el cliente se convenza de que tu oferta es la mejor para él. Sus argumentos son mucho más creíbles y, por tanto, más eficaces que los tuyos. Para ti, como vendedor, esto significa hacer las preguntas adecuadas, sentarte y dejar que el cliente haga la venta.

50. *¿Por qué te sigue interesando?*

En este tipo de tratamiento de las objeciones, de nuevo se trabaja con una presuposición (pre-suposición) al asumir que tu oferta es interesante para tu cliente. Cuando responden, no solo están de acuerdo contigo, sino que ellos mismos aportan los argumentos. Esta suposición previa está absolutamente justificada en muchos casos y situaciones de venta. Por ejemplo, si tienes una segunda o tercera reunión con el cliente para hablar de su posible compra, está claro que en el fondo está interesado. De lo contrario, no volverían a hablar contigo.

51.   *¿Por qué crees que tantos clientes lo compran de todos modos?*

Esta pregunta vuelve a contener un presupuesto muy elegante: "muchos". Si tu cliente responde esto, entonces se acepta tácitamente que son "muchos" los que, a pesar de todo, compran. No hay más que hablar de eso, solo de "por qué". Esta pregunta, así como algunas de las demás de esta sección, hará pensar al cliente. Normalmente no tendrán una respuesta lista de inmediato. Eso está bien y es perfectamente aceptable. Dales tiempo y, después de que hayan dado una o más respuestas, pregúntales "¿y por qué más?" una o incluso más veces.

52.   *¿A qué tendrías que renunciar si eligieras algo más barato?*

Y aquí sigue la siguiente pregunta con una presuposición. Esta vez se presupone que "más barato" es sinónimo de "prescindir". Tu cliente te dirá de qué debe prescindir pero quizás no quiera hacerlo. De este modo, haces que tu cliente compare manzanas con manzanas y excluya las peras y otras frutas de su consideración.

53.   *Ya sabes que solo ofrezco la mejor calidad, que tiene su precio. Entonces, ¿por qué has venido aquí?*

Una forma algo más atrevida de enfrentarse a las objeciones que requiere cierta confianza en sí mismo por parte del vendedor. Es una invitación a hablar claro y al mismo tiempo se deja claro, una vez más, que ofreces la mejor calidad. Como ya se ha mencionado brevemente, el cliente no se sienta contigo por gusto ni invierte tiempo en conversaciones de venta o negociaciones de precios, y si lo hace, tiene razones para ello que tú, por supuesto, quieres conocer.

54. *¿Qué has comprado ya que pensabas que era demasiado caro y que ahora disfrutas desde hace tiempo?*

Comprar algo que se salía de nuestro presupuesto pero con lo que nos hemos divertido mucho desde entonces... ¿no nos ha pasado a todos? Lo más probable es que tu cliente también. Con esta pregunta, alejas a tu interlocutor del precio elevado y lo diriges hacia la buena sensación duradera que permanece incluso después de que el dolor de gastar dinero haya desaparecido.

55. *¿Y qué crees que debería hacer?*

Cuando utilices este tipo de gestión de objeciones en una discusión sobre precios, deja claro que realmente te interesa la opinión de tu cliente. De este modo, le permitirás asumir el papel de asesor. Sorpréndete de las ideas que pueden surgir de su lado, ideas que a veces tú nunca habrías considerado.

Por supuesto, la respuesta a una pregunta de este tipo también podría ser sugerencias inviables o algo que no te sirva. En este caso, puedes utilizar la variante que describo en el Bonus 7 en el siguiente paso o vincularla al nº 55 (véase el Bonus 8).

56. **Ponte seriamente en mi lugar. Ahora están sentados frente a ustedes como clientes, por así decirlo. ¿Qué harías tú en mi lugar?**

Se trata de una versión ligeramente modificada del planteamiento anterior. Al plantear las preguntas de este modo, aumentas la probabilidad de que se pongan realmente en tu lugar y piensen menos en soluciones a su favor, en lugar de aportar respuestas que representen un curso de acción con el que ambos puedan vivir bien.

57. **¿Dónde exactamente podríamos ahorrar algo más para conseguir un precio aún mejor para ti?**

Una vez más, te diriges a tu cliente como consultor. Omitir algo suele ser una buena forma de reducir el precio. Muchos productos y servicios tienen elementos de los que los clientes prescindirían gustosamente a cambio de un precio más bajo. Y quién mejor que el propio cliente para saber de qué puede prescindir. Al fin y al cabo, es quien mejor conoce sus necesidades y requisitos.

58. **¡Eso es! ¿Y cómo puedo demostrarte que vale cada céntimo?**

Una declaración de confianza unida a una pregunta que incluya la presuposición de que tu oferta vale cada céntimo. Se trata del "cómo demostrarlo". Una vez más, deja que tu cliente aporte los argumentos.

Bonus 8: Si te pusieras en mi lugar y no pudieras ofrecerme otro descuento, ¿qué harías?

Esta es la vinculación de la idea descrita en el Bonus 7 con el n° 55. Pones al cliente en tu posición y al mismo tiempo excluyes variantes que no se desean o no son posibles.

Por lo general, las preguntas son una de las herramientas más eficaces y, por tanto, más significativas a la hora de abordar las objeciones relacionadas con el precio, así como las que tienen que ver con otras cuestiones. De hecho, yo diría que la capacidad de hacer buenas preguntas es una habilidad importante para un vendedor de éxito.

EMOCIÓN Y NECESIDADES HUMANAS

Los seres humanos tienen toda una serie de necesidades que van más allá de las necesidades fisiológicas básicas, como comer, beber, dormir, etc., e incluyen la seguridad, la salud y la conexión con los demás. Puedes hacer un buen uso de estas necesidades en la gestión de objeciones, especialmente si sabes qué necesidades son especialmente importantes para tu cliente. ¿Cómo averiguarlo? Haciendo las preguntas adecuadas. Una especialmente apropiada para ello es: "¿Qué es importante para ti cuando estás pensando en comprar XY?".

A continuación encontrarás distintas variantes de la gestión de objeciones que se ajustan a diversas necesidades.

59. *¿No te mereces darte un capricho por una vez?*

Recompensarse a uno mismo es importante. Tu cliente también trabaja duro. Con esta pregunta retórica replanteas tu producto como una "recompensa" y le indicas que ya es hora de comprar otro.

60. *Y siempre pensé que eras una persona decente.*

Puedes utilizar esta variante de la objeción de dos maneras, con humor o en serio. En el caso de la variante humorística, debe quedar claro por la forma en que pronuncias la frase que no estás hablando totalmente en serio, pero sí tiene un núcleo serio. De este modo, estás diciendo: "Todavía puedo reírme de ello, ¡pero ya está!". En la variante seria, tu indignación sincera debe expresarse claramente. Tu cliente no quiere parecer "indecente" y puede empezar a suavizar su declaración.

61. *Sin embargo, tus clientes (afiliados, hijos, empleados, etc.) te estarán eternamente agradecidos por ello.*

Muchas personas se sienten fuertemente motivadas por hacer el bien a los demás. Es precisamente con ellas con las que esta variante de la gestión de objeciones caerá en terreno fértil en la conversación de ventas, aunque tu cliente no se dé cuenta.

62. *Pero, a cambio, también será uno de los primeros en tener la oportunidad de utilizar este producto.*

Este motivador, ser el primero y desempeñar un papel pionero, también está muy extendido. Este motivo de compra hace, por ejemplo, que siempre se formen largas colas de gente cuando Apple lanza un nuevo iPhone. Por supuesto, se puede comprar el producto unos días o incluso semanas después, relajadamente y sin hacer cola, en la tienda o por Internet. Pero ser el primero es importante para muchos clientes.

63.   *¡Tienes razón! La cuestión es cuánto vale para ti tu seguridad.*

Con esta pregunta atrapas a tu interlocutor con una necesidad básica que todos tenemos de una forma u otra y es la seguridad. Constantemente pagamos por la seguridad de alguna forma, a veces directamente, por ejemplo, comprando un seguro, y a veces indirectamente, por ejemplo, cuando elegimos el producto de una marca conocida, confiando en que es la opción más segura. Dada la oferta adecuada, la seguridad, por supuesto, siempre vale más que el precio que pagan por tu producto.

64.   *¡Correcto! La pregunta es: ¿Cuánto vale para ti la seguridad de tu familia (empleados, empresa, etc.)?*

Esta variante de la gestión de objeciones va un paso más allá y combina la necesidad de seguridad con la necesidad de hacer algo bueno por los demás. Siempre que hay seguridad de por medio, surge el miedo a no tenerla o a perderla. Este miedo tiende a amplificarse al implicar a los demás, si eso encaja con tu oferta, de esta manera.

65.   *No tienes que comprarlo. Puedes seguir luchando con tu antigua solución y los problemas que causa. La elección es tuya.*

El motivo al que se dirige esta afirmación es "simplicidad y ausencia de problemas". Y es cierto; en realidad no tienen que comprarlo, solo sufrir las consecuencias. Este tipo de tratamiento de las objeciones puede desarmar y es especialmente útil cuando no se trata principalmente de compararlas con las ofertas de la competencia, sino más bien de utilizar una solución o un producto.

66. ***El producto tiene su precio, es cierto. Pero tu salud no tiene precio.***

Por lo general, la gente da muy poco valor a la salud. Solo cuando deja de estar presente adquiere una enorme importancia. Esta afirmación (que también puede formularse en forma de pregunta, como en el n° 64) llama la atención del cliente sobre este hecho.

RECONOCIMIENTO, HONOR Y EGO

La necesidad de reconocimiento está tan extendida y es tan significativa que he agrupado en una categoría propia las variantes de la gestión de objeciones específicamente adaptadas a ella. Algunas de ellas son descaradas y contundentes, pero muy aplicables en algunas situaciones. Según la situación, el interlocutor y la necesidad, también se pueden suavizar las afirmaciones y preguntas duras con un guiño.

67. ***¡Lo siento! Creía que valorabas la calidad.***

Al decirlo, das a entender que tu cliente no lo hace. En muchos casos, te llevarán la contraria, sobre todo si das en el clavo. Al mismo tiempo, estás empaquetando una presuposición en estas variantes, a saber, que tu oferta es sinónimo de calidad. Sin embargo, no vamos a seguir hablando de ello en este momento.

68. **_Entonces, ¿no quieres que tu cónyuge (hijos, empleados, etc.) tenga lo mejor?_**

Ésta, por supuesto, es una formulación muy dura que solo debe o puede utilizar en situaciones muy especiales. Tu cliente se ve casi obligado a responder a esta pregunta con un "claro que quiero eso". Al hacerlo, cae en la trampa de tu argumento y acepta tácitamente la afirmación oculta de que tu oferta es la mejor.

69. **_¿Y cómo enseñas a tu cónyuge (hijos, empleados, etc.) que no les estás dando lo mejor?_**

Lo mismo que en la variante anterior; es una formulación muy dura que solo puedes utilizar si sabes exactamente lo que estás haciendo. De nuevo, encontrarás una presuposición oculta; no envidian lo mejor a sus seres queridos.

70. **_¿No puedes permitírtelo? O más bien, ¿puedes permitírtelo?_**

Esta pregunta cala muy hondo en las raíces del ego y el honor de muchas personas. Admitir que uno no puede permitirse algo es muy difícil para mucha gente. Si tuviera que adivinar, creo que afecta más a los hombres que a las mujeres. Es probable que puedas utilizar este enfoque más con particulares. En los negocios B2B, en las discusiones sobre precios con empresas, hay menos "ego" implicado, al menos en este sentido. Se trata menos de lo que te puedes permitir y más de presupuestos.

71. *Lo siento, pensé que tenías los recursos financieros adecuados.*

Esta variante de la gestión de objeciones en una conversación de ventas es como la anterior e igual de difícil. Utilízala, si acaso, solo con mucho tacto y si sabes exactamente lo que estás haciendo.

72. *Así podrás contarle a todo el mundo el gran producto que has comprado.*

Mejorar nuestra imagen exterior con cosas que podemos permitirnos es una necesidad muy extendida, aunque pocos lo admitan. Abordas directamente esta reacción a la objeción de precio del cliente. Casi ningún cliente, cuando se le pregunta, admitiría que este tipo de estatus es importante para él. Pero aceptarlo como una afirmación y dejar que no se comente ni se cuestione en la sala es posible sin ser superficial.

73. *¿Qué crees que dirán o pensarán tus vecinos (colegas, clientes, etc.) cuando te vean con él puesto?*

Esta pregunta está en la misma línea que la anterior. También puede utilizarse para adelantarse a la fidelidad posterior a la compra, por ejemplo: "¿Qué crees que dirá tu pareja cuando llegues a casa con esto?". Pones en juego el estatus que confiere el producto, pero de forma muy indirecta. "Se quedarán alucinados", puedes sonsacar al cliente. Pero la respuesta no es tan decisiva. Lo que es más decisivo es la insinuación de que los vecinos se quedarán asombrados y quizá hasta un poco envidiosos, que resuena en la pregunta.

74. *Probablemente lo consigas a un precio inferior dentro de unos meses, pero entonces ya no serás el primero.*

Con esto estás constatando un hecho que es cierto en muchos campos. Los productos son inicialmente más caros para aprovechar el ansia de los clientes que quieren ser de los primeros en poseer ese producto. Esta estrategia de precios también se conoce como "price skimming" o estrategia de descremado. La elección sigue siendo del cliente, por supuesto, pero si la necesidad de estar entre los primeros es lo suficientemente fuerte, comprará a pesar del precio "demasiado alto".

75. *¿Quieres presumir de haber contratado a un asesor barato?*

Resulta apasionante que haya sectores en los que los clientes presuman de haber comprado especialmente barato y otros en los que ocurra exactamente lo contrario: cuanto más caro, mejor. Esto es especialmente habitual en el segmento de los artículos de lujo. Pero la gente también presume de los servicios personales, por ejemplo, de lo caro que le ha salido un determinado médico, peluquero o asesor. Difícilmente un directivo responsable dirá: "Como todos ustedes saben, actualmente atravesamos una situación muy difícil con nuestra organización de ventas. Afortunadamente, ¡he conseguido traer a un consultor muy barato!".

LÓGICA INVERSA

A veces, crear confusión puede ser una buena táctica para hacer frente a las objeciones en una discusión sobre precios. Despista al interlocutor y lo aleja de cualquier estrategia planificada. Y se crea confusión, por ejemplo, haciendo afirmaciones que el cliente no espera y que suenan completamente ilógicas la primera vez que las oye. Si se examinan más detenidamente, para luego tener que explicar estas afirmaciones en su tratamiento de las objeciones, sin embargo, hay una lógica inversa y totalmente convincente en estas afirmaciones o preguntas.

76. *Precisamente por eso deberías comprarlo.*

Esta respuesta a "demasiado caro" es como el judo verbal. Como en el judo, utilizas la energía de la objeción en tu favor y la conviertes en un argumento que habla en favor de tu oferta. No tendrás éxito con todas las objeciones sobre precios, pero cuando lo consigues, es muy eficaz. Si utilizas esta estrategia, entonces, por supuesto, debes tener una explicación adecuada para la afirmación. Rara vez se te ocurrirá una de improviso, y desde luego no será excelente, por lo que la preparación es especialmente importante en este caso.

77. *Lo hice así especialmente para ti.*

Esta afirmación en respuesta a "demasiado caro" asombrará a tu cliente. La explicación posterior podría ser, por ejemplo, que el cliente valora la alta calidad y esta tiene su precio. Al igual que con el nº 76, preparar una buena explicación es un requisito previo para utilizar estas variantes.

Imagen: Shutterstock

78. *También me remuerde la conciencia pedirte tanto dinero, pero eso no es nada comparado con el remordimiento de conciencia que tendría si te ofreciera algo más barato.*

También en este caso la pregunta es: "¿Por qué, como vendedor, tendrías remordimientos de conciencia por ofrecer al cliente algo barato?". La respuesta es obvia, barato es sinónimo de malo y suele causar problemas posteriores al cliente. Desde este punto de vista, le estás haciendo un favor ofreciéndole el producto de mayor precio.

79. *Tu dinero está rindiendo actualmente alrededor del 0% en el banco. Estos productos se revalorizan aproximadamente un 5% al año. Por tanto, cuanto más dinero inviertas en estos productos y menos tengas en el banco, mejor para ti.*

Por extraño que suene este argumento en una negociación de precios, no carece de cierta lógica y podría utilizarse absolutamente para hacer frente a las objeciones en algunas situaciones y para determinados productos. Es una combinación de un argumento comercial y un enfoque algo paradójico del tratamiento de las objeciones.

80. *Así es. Quiero ahorrarte el problema que tendrías si compraras algo barato.*

Claro y directo, el mensaje aquí es: "Compra algo decente o tendrás problemas". Y algo decente cuesta más dinero. Todo el mundo lo entiende inmediatamente. Pero la inversión en el tratamiento de esta forma de objeción da que pensar. La argumentación implícita vuelve a seguir la línea de que los productos más baratos te traerán problemas, y yo quiero evitarlos en tu vida.

81. ¿Puedes permitirte comprar algo barato?

¿Puedes permitirte comprar algo caro? Todo el mundo lo entiende inmediatamente. Pero la inversión en el tratamiento de esta forma de objeción da que pensar. La argumentación implícita vuelve a seguir la línea de que los productos más baratos te traen problemas y yo quiero evitártelos. La afirmación "No podemos permitirnos nada más barato" fue utilizada durante un tiempo por Bluestar, una empresa de limpieza de WC, señal de que puede utilizarse con bastante sensatez.

ORIENTACIÓN FINAL

Las objeciones, especialmente las de precio, son una señal de cierre. El cliente indica al menos que está interesado y podría estar dispuesto a comprar. Gracias a esta categoría de variantes para tratar las objeciones, aumentará la velocidad hacia el cierre del trato e incluso utilizará la objeción para plantear directamente una pregunta de cierre, si es necesario.

82. ¡Ya veo! ¿Eso significa que prefieres el más barato?

La palabra que importa en esta respuesta es "tener". Esto hace que la pregunta sea una pregunta de cierre directa. Si se omite el "tiene" y se dice algo como: "¿Preferirías la versión más barata?", la pregunta no tiene este efecto y todavía no es una pregunta de cierre. Si el cliente responde afirmativamente al nº 82 está diciendo claramente: "¡Quiero esto!".

83. *¿Por qué seguirías comprándolo?*

Se trata también de una variante con inversión de roles (véase más arriba), pero esta vez con bastante más tracción a la conclusión. De nuevo, la redacción exacta es importante, especialmente la palabra "comprar". Aquí reside la presuposición de que hay otros argumentos que compensan el precio demasiado alto. Si formulas la pregunta, por ejemplo, como "¿Qué razones hay todavía para tu elección?", no es una pregunta de cierre.

84. *¿Significa eso que si nos ponemos de acuerdo en el precio, recibiré el pedido de tu parte?*

Esta es una de las mejores formas de tratar las objeciones en las negociaciones de precios. De este modo, te aseguras de que el cliente, después de que hayas encontrado una solución de precio, compre y no vuelva con tres peticiones u objeciones más. Les obligas a decir claramente qué es lo que todavía les impide comprar. Pero cuidado, si hasta ahora no has dicho que todavía hay margen de maniobra en el precio, hazlo con esta pregunta. Al fin y al cabo, admites que es posible hablar del precio y ponerse de acuerdo al respecto.

85. *¿Qué tornillo, aparte del precio, podemos girar para que digas que sí?*

Oculta en esta pregunta hay otra presuposición, a saber, que hay otras posibilidades, aparte del precio, que pueden llevar a un acuerdo. Al igual que en otras variantes de este libro, con esta pregunta se excluye una reducción de precios y se dirige la atención hacia otras posibilidades. Se reta al cliente a que encuentre algunas y le hable de ellas.

Bonus 9: ¿Todavía quieres comprarlo/tenerlo?

Esta pregunta final tan directa como refutación directa a una objeción sobre el precio suena extraña, pero todos hemos comprado cosas a pesar de que el precio es demasiado alto. Ese podría ser también el caso de tu cliente. Si responden "No", siempre puede proceder con una de las otras variantes. Si responde "Sí", habrás tomado un atajo en la conversación de ventas y te habrás ahorrado muchas discusiones sobre el precio.

JUNTOS HACIA LA META

Siempre hay situaciones en las conversaciones de ventas en las que tu interlocutor no puede o no quiere decidir solo porque el precio es demasiado alto. Una autoridad inmediatamente superior o un socio también deben dar su aprobación, o tal vez tu cliente simplemente quiere recabar más opiniones. Precisamente para estos casos, encontrarás variantes de gestión de objeciones basadas en la idea de cerrar filas y convencer conjuntamente al tercero (jefe, socio, comité, etc.).

86.　¿Qué podemos hacer juntos para convencer a tu jefe (tu marido/esposa/socio, etc.)?

Al plantear esta pregunta, la negociación del precio pasa de ser contra el otro a ser con el otro. El nuevo "oponente" es el jefe o la esposa/marido, y esto a veces puede resultar muy vinculante. Esta variante de la gestión de objeciones funciona mejor en combinación con la siguiente.

87. *¿Y estarías de acuerdo si fuera solo tu decisión?*

Siempre que no sea una sola persona la que decida puedes conseguir victorias escénicas con esta pregunta. Aún no tienes un contrato, pero al menos ya sabes de qué lado está tu interlocutor, y has dado un paso importante.

88. *Entonces deberíamos hablar con el jefe. ¿Cuándo podemos hacerlo?*

En lugar de preguntar largo y tendido si puedes hablar con el jefe, simplemente pregúntale cuándo puedes (una presuposición). El efecto sorpresa juega a tu favor. Y si es el jefe quien decide, también es natural hablar con él.

89. *Estamos en el mismo barco. Mi jefe tampoco aceptaría un precio más bajo.*

Los puntos en común son algo muy unificador en la comunicación interpersonal. Incluso el jefe respirándote en la nuca puede ser un elemento muy unificador. Y del mismo modo que tu cliente puede tener un jefe que le dé la razón, tú también puedes tenerlo. Pero cuidado, si sacas a relucir la carta del jefe con demasiada frecuencia en las discusiones sobre precios con clientes que compran repetidamente, con el tiempo perderás credibilidad como vendedor. En el futuro, tus clientes pueden dirigirse directamente al jefe si tienes muy poco o ningún poder de decisión en materia de precios.

90. ***Menos mal. Tengo que ir al baño de todos modos. Eres bienvenido a usar mi teléfono.***

Esta variante, que hay que reconocer que es muy descarada, es adecuada si el cliente dice, por ejemplo, que todavía tiene que discutir el precio con su cónyuge. Es importante que también subrayes esta afirmación con el lenguaje corporal, levantándote y yendo al baño. Y la marcha debe ser rápida, mientras el cliente aún está tan sorprendido que no tiene una respuesta preparada.

LENGUAJE CORPORAL

Responder sin palabras a las objeciones de precio y utilizando únicamente el lenguaje corporal es a veces mucho más eficaz que exponer los mejores y más elocuentes argumentos. El lenguaje corporal es más creíble que las palabras y, por tanto, con razón, es el responsable de la mayor parte del impacto de nuestra comunicación.

91. ***No digas nada, haz las maletas y empieza a andar***

Por supuesto, si es así como respondes a la objeción de precio de tu cliente, debes estar preparado para irte si el cliente no te detiene, pero bien podría ser que tu cliente te detuviera. Y, evidentemente, esta variante solo es aplicable cuando se está físicamente con el cliente.

Esto no significa que debas levantarte inmediatamente. Puedes hacer una pausa después de recoger y pasar a la charla trivial. Esto también es una clara señal de que la conversación sobre el precio ha terminado.

92. *Sacude la cabeza, parece serio y triste y exhala audiblemente.*

Este tipo de tratamiento de objeción puede combinarse bien con el anterior uniéndolo a éste. Sacude la cabeza, pon cara triste, exhala audiblemente, empieza a recoger y vete. De nuevo, marcharse físicamente es solo la última consecuencia. Antes de eso, es aconsejable mirar al cliente y permanecer en silencio.

En muchos casos, el cliente dirá algo en respuesta a la reacción de tu lenguaje corporal. A menudo será una explicación de su demanda, pero a veces será una disculpa o una justificación. Tampoco debes sorprenderte si tu cliente empieza a rebajar el tono de su demanda. Este tipo de estrategias de lenguaje corporal, combinadas con periodos de silencio, son herramientas de comunicación muy poderosas.

APERTURA TOTAL

Si no tienes nada (más) que ocultar, puedes mostrarlo. Esta variante de gestión de objeciones es muy adecuada si tienes márgenes o márgenes de contribución tan ajustados que tu cliente se abstiene inmediatamente de seguir solicitando un precio mejor.

93. *Divulgar el cálculo para el cliente*

Naturalmente, este enfoque se limita a unos pocos ámbitos de aplicación. Lo experimenté cuando pedí un descuento por volumen en una tienda de electrónica al comprar tres cámaras de vídeo. Después de que el vendedor me enseñara su pantalla y me diera una idea de sus márgenes, desistí de mi petición y compré de todos modos. Sin embargo, espero que sus márgenes no sean tan bajos como para recurrir a este planteamiento con demasiada frecuencia.

ARGUMENTACIÓN

En esta categoría encontrarás una colección de argumentos diferentes que pueden adaptarse a una gran variedad de situaciones. Lo peligroso de utilizar argumentos en la gestión de objeciones es que a menudo son "contraargumentos" y, por tanto, refuerzan la confrontación.

Si, como vendedor, quieres demostrar al cliente que está equivocado con su objeción sobre el precio (por ejemplo, "Eso no es cierto; en comparación con XY, nuestra oferta es más barata"), puedes acabar fácilmente en un callejón sin salida. Después de todo, ¿a quién le gusta equivocarse? Por lo tanto, si quieres utilizar argumentos clásicos, debes usarlos con mucho tacto. No hay que parecer polémico.

94. *¡Me alegro de que digas eso! Déjame contarte una pequeña historia sobre esto.*

En lugar de argumentar en contra, en esta variante de la gestión de objeciones, cuentas una historia que apoya tu punto de vista. No le dices al cliente que se equivoca al pedir el precio, sino que le dejas que saque sus propias conclusiones basándose en la historia. Lo que necesitas para esto, por supuesto, son buenas historias cortas y ejemplos que contengan el mensaje que quieres transmitir.

95.   *Desde mi experiencia personal, el dolor de la separación del dinero que gastamos en alta calidad es breve. Disfrutamos del placer del gran producto durante toda la vida, día tras día.*

Contar tu experiencia personal es una forma suave de poner en juego otras perspectivas. También puedes apoyar esta versión con una historia sobre una experiencia personal. Puede que incluso lleves contigo algún producto que pueda servirte de ejemplo.

96.   *Sí, todo es cada vez más caro. El otro día, por casualidad, tuve en mis manos la factura de hace diez años de mi lavadora y me di cuenta de que había pagado el doble por la nueva.*

Puedes utilizar este tipo de gestión de objeciones especialmente si tu cliente se encuentra en una situación similar y está comparando con una compra anterior. A menudo se subestima el efecto del interés compuesto de la tasa de inflación, y diez años pueden suponer una diferencia enorme solo en el precio absoluto, aunque sea el mismo que antes en relación con los ingresos o incluso más barato.

Si quieres reforzar aún más este argumento, calcula la inflación en función de tus cifras. Para un periodo de, digamos, diez años y una tasa de inflación del 2% anual, eso por sí solo suma más del 21%. Esto ni siquiera tiene en cuenta el hecho de que el producto que ofreces hoy es probablemente mucho mejor que hace diez años.

97. ***Según mi experiencia, cuanto más invierto en cosas que realmente me gustan, más satisfecho estoy de mi decisión a largo plazo.***

Y otra variación con una experiencia personal que enfatiza un sentimiento bueno duradero frente al breve dolor de la pérdida.

98. ***Eso es menos de lo que gastas en XY cada mes.***

Todas las personas tienen áreas en las que el dinero es más holgado y fácil de gastar que en otras. Y esta diferencia a menudo no puede explicarse racionalmente de manera significativa. Nos alegramos cuando podemos ahorrar unos céntimos por litro de gasolina y aceptamos desvíos para conseguirlo.

En cambio, en otras zonas gastamos rápidamente 100 o incluso 1.000 euros más de lo previsto. Señala esto más o menos discretamente. Sin embargo, asegúrate de que tu objeción no parezca un reproche. También puedes formular esta variación como una pregunta: "¿En qué gastas bastante más al mes?".

ELOGIOS

Los elogios (en forma de atribución de comportamientos) pueden ser una herramienta muy eficaz para gestionar las objeciones. Cuando elogias a tu cliente por un comportamiento que te gustaría ver en él (tanto si ya lo muestra como si no), lo colocas en un pedestal del que le resultará muy difícil bajar. Este enfoque se conoce en psicología del comportamiento como técnica de etiquetado.

99.   *Afortunadamente, eres alguien que sabe distinguir muy bien entre "caro" y "demasiado caro".*

Tu cliente difícilmente puede contradecir directamente esta atribución. Y, por supuesto, confías en que consideren tu oferta "cara", pero no "demasiado cara".

100.   *Por lo tanto, solo vendemos a personas como tú, que también están dispuestas a gastar un poco más de dinero por la mejor calidad.*

Una vez más, das a entender implícitamente que tu oferta equivale a la "mejor calidad" y elogias al cliente por su voluntad de invertir en calidad.

101.   *Por eso me alegro mucho de que haya gente como tú que también pueda permitirse algo así.*

Esta forma de gestionar las objeciones consiste en elogiar al cliente por su potencia económica. ¿Quién puede discutirlo?

SEGURO DE SÍ MISMO, DESCARADO E INSOLENTE

Estas formas de responder a los "demasiado caro" de tu cliente (sobre todo las descaradas e impertinentes) requieren un nivel de relación extremadamente bueno con el cliente para no molestarle o arriesgarte a tu expulsión. Pero introducidas con un poco de tacto y un guiño de ojos, estas variantes de gestión de las objeciones pueden aligerar un poco la situación y mostrar los límites de una forma humorística, sobre todo si tu cliente hace demandas que van de impertinentes a escandalosas, las reacciones que se indican a continuación por tu parte son absolutamente correctas y apropiadas.

102. **¿Quieres un proveedor barato? ¡Con mucho gusto puedo nombrar a alguien para ti!**

Aquí vas un paso más allá y pasas a la ofensiva. En lugar de limitarte a decir que no eres un proveedor de bajo coste, incluso se lo nombras a tu cliente. Esto puede ser desarmante. Nunca he oído que un cliente acepte la oferta con agradecimiento. Al formular la pregunta, la palabra "barato" debe tener un matiz ligeramente peyorativo para distinguirla claramente de "barato" y marcarla claramente como mala.

103. **¡Tienes toda la razón! Si quieres algo barato, estás en la dirección equivocada.**

No es descarado, sino seguro de sí mismo y una declaración muy clara. Siempre es interesante observar lo atractivos que resultan el vendedor y su oferta gracias a una actitud tan abiertamente segura de sí mismo. Con éste y otros enfoques similares, se da la vuelta al juego: En lugar de querer venderle algo al cliente a toda costa, puede que le compre, pero solo si está dispuesto a pagar el precio.

104. **¿Por qué pierdes tu tiempo y el mío si quieres comprar algo barato?**

Esta variante es más fuerte e incluye la posibilidad de que tu cliente rompa la discusión sobre el precio en este punto. Sin embargo, si se formula de forma objetiva y clara, esta variante puede utilizarse en determinadas situaciones. Si quieres formular esta pregunta con un poco más de delicadeza, puedes hacerlo así: "¿Por qué nosotros (en lugar de ti) perdemos el tiempo cuando quieres comprar algo más barato (en lugar de barato)?".

De esta forma ya no estarás culpando únicamente al cliente de hacerte perder el tiempo.

105. *¿Quieres comprar un producto o un descuento?*

Es interesante ver lo importantes que son los descuentos en algunas zonas. En la mesa de los clientes habituales, la gente presume de quién ha conseguido más descuento al comprar un coche. Del precio real o incluso del producto se suele hablar mucho menos.

Incluso sé por algunos compradores de grandes organizaciones que suelen buscar sobre todo un descuento. Esto también tiene que ver con los criterios por los que se les juzga. La pregunta anterior es especialmente aplicable en situaciones en las que la atención no se centra tanto en el precio como en el descuento.

Con esta pregunta, se vuelve a centrar la atención en el producto. Muchos clientes se sentirán sorprendidos y (al menos tácitamente) estarán de acuerdo contigo.

Cliente: ¿Qué descuento ofreces?
Vendedor: Puedes elegir el que quieras. Yo calcularé el precio adecuado para ti.
Imagen: Fotolia 208358819 S

106.   *¿Y cuánto descuento quieres? Puedes elegirlo. Entonces calcularé el precio adecuado para ti.*

La exageración es una técnica de comunicación utilizada a menudo para hacer avanzar las cosas en situaciones de bloqueo, como las negociaciones de precios. Con esta oferta paradójica, casi ridícula, pone en la picota la táctica utilizada en algunos sectores de ofrecer descuentos ridículos sobre precios masivamente inflados. De este modo, te distancias de ella y subrayas tu seriedad.

107.   *¿También tienes calor? (Si el cliente no dice nada pero se queja).*

El humor también ayuda en las negociaciones de precios. Especialmente cuando la cosa se calienta, una pizca de humor puede ayudarle a dar un paso más. En este tipo de gestión de objeciones, se utiliza el reencuadre y se interpreta el quejido del cliente, debido al precio, como una señal de que tu cliente está demasiado caliente.

108.   *He calculado los precios, ¡no los he estimado/cortado en trozos!*

Una reacción descarada, pero muy contundente, a las exigencias de precio descaradas o escandalosas de sus clientes. Si crees que este enfoque sería demasiado descarado y poco práctico, debo decepcionarte. El vendedor del que aprendí esta variante la utiliza con éxito. No siempre, pero sí a menudo. Como mencioné al principio, si la situación y la relación con el cliente encajan, se pueden utilizar todas las variantes.

Imagen: Fotolia 96616339 S

109. *¡Esa es buena! Yo también conozco uno bueno: Un rabino y un sacerdote se encuentran ...*

Esto puede servirte para contrarrestar las exageradas demandas de descuento de tus clientes. De este modo, interpretarás su petición como una broma y le darás a entender que no te la estás tomando en serio. En respuesta, empieza a contar un chiste tú mismo. Asegúrate de que sea corto pero bueno. De este modo, devuelves el humor a la conversación sobre el precio. A menudo, este enfoque "limpia" la situación, y después podrás continuar la conversación con tu cliente de otra manera.

110. *Lo siento, pero no tengo nada que regalar.*

¡Esto es el colmo! Dicha de forma directa, esta respuesta a una demanda de precio puede utilizarse en las negociaciones de precios si las exigencias de su cliente son demasiado elevadas. Para que esta afirmación resulte creíble y, por tanto, eficaz, es importante que la subrayes con tu lenguaje corporal, por ejemplo, inclinándote hacia atrás y cerrando los documentos.

111. *Oh, ¿es tu cumpleaños? ¡No lo sabía!*

Este tipo de objeción, presentada con una sonrisa en los ojos, puede provocar una sonrisa en el cliente y aligerar una situación potencialmente tensa en la negociación del precio.

112. *La Navidad ya ha pasado, pero ahora esto va en serio*

Y aquí tienes otra forma humorística de decirle a tu cliente que el precio que pide es demasiado alto y devolverle a ideas más realistas.

Bonus 10: ¿Me pregunto si puedo hacer algo con el precio? Claro. Por ejemplo, podría colorear los ceros en verde y los ochos en azul. Queda muy bien, al menos eso dicen mis clientes.

Puedes utilizar esta variante como respuesta a la pregunta del cliente sobre si todavía es posible hacer algo a ese precio. Puedes hacerlo con un guiño o mantenerte serio si es lo apropiado. En cualquier caso, necesitas un nivel de relación muy bueno; de lo contrario, este enfoque puede llevar al fin de la conversación.

Bonus 11: Sí, siempre se puede mejorar.

Esta malinterpretación deliberada de la pregunta del cliente sobre si todavía hay algo posible en el precio o si todavía es factible suele hacerse con un guiño para indicar que no se quiere decir muy en serio. En esencia, sin embargo, es una afirmación muy seria: No hay descuento en este precio.

Vendedor: ¡Claro! Podría especialmente para ti - ¡colorearé el 8 en verde y el 9 en amarillo
Cliente: ¿Podrías hacer un cambio en el precio?
Imagen: Fotolia 121963390 S

CITAS Y REFRANES

Los proverbios nos acompañan en muchas situaciones de la vida y dan instrucciones sencillas y prácticas para actuar. Entonces, ¿por qué no utilizar refranes y citas en la gestión de objeciones? Algunos refranes también encajarían en la categoría anterior y viceversa.

Sin embargo, los refranes a veces pueden parecer trillados; por lo tanto, elige bien cuáles utilizas y cuándo los utilizas.

113. *Siempre habrá algo más barato.*

Al hacerlo, estás afirmando claramente que tu objetivo no es ser el más barato, sino el mejor, el más innovador, el más simpático, etc. Esta respuesta a una objeción de precio por parte de tu cliente también indica que no harás ningún otro esfuerzo por complacerlo en el precio.

114. *¿Sabes lo que significa CARO? Grande, único, incomparable, exquisito y adecuado para ti.*

Los acrónimos, formas especiales de abreviatura, son comunes y populares. Facilitan recordar cosas o formularlas de forma más precisa. ¿Por qué no utilizar un acrónimo en la gestión de objeciones? En esta forma, el acrónimo se asocia con el reencuadre. Caro se convierte en algo positivo.

115. *Ya lo dijo Wilhelm Busch: "Si se mira más de cerca, a menudo el precio también aumenta el respeto".*

Muy antiguo y todavía muy bueno, este refrán dice en principio lo mismo que el siguiente, solo que más bellamente formulado. Wilhelm Busch utilizó este dicho para explicar la elasticidad inversa de los precios.

En pocas palabras, en muchas áreas de productos y servicios inferimos una alta calidad de un precio elevado. Pero los precios altos también tienen un efecto positivo sobre el estatus. El estatus aumenta a los ojos de los demás, y también a nuestros ojos, si algo que poseemos o utilizamos se sabe que es caro.

116. *Ya sabes cómo es, lo que no cuesta nada no vale nada.*

Se trata de una variante del tratamiento de las objeciones en la discusión sobre los precios que expresa lo mismo que la anterior, pero está formulada de forma más directa y es más fácil de entender.

117. *A la calidad nunca se le pide rebaja.*

Esta cita contiene dos mensajes importantes. Primero: se trata de un producto o servicio de calidad. Y segundo: no hay descuento posible.

118. *Si compras barato, compras caro. Pero ya lo sabes.*

La idea de este refrán, que equipara precios más bajos con peor calidad, ya se ha recogido en diversas variantes del tratamiento de las objeciones en este libro. Sin embargo, se puede comunicar de forma más directa en forma de refrán. Además, es posible que tu cliente haya utilizado exactamente este dicho muchas veces.

EL MEJOR TRATAMIENTO DE LAS OBJECIONES

Entonces, ¿cuál es la mejor manera de manejar las objeciones sobre precios? Me lo preguntan repetidamente. La respuesta es: "La que no tienes que usar". La mejor manera de contrarrestar las objeciones de precio es no dejar que surjan en primer lugar.

Y eso se consigue posicionándose o posicionando a tu empresa y diseñando tu oferta de tal manera que evites por completo la comparabilidad a través del precio. Las objeciones al precio surgen principalmente cuando el cliente no tiene ningún otro criterio con el que comparar. Desde este punto de vista, los vendedores a veces obligan a sus clientes a comparar precios.

La senda hacia precios altos, márgenes de contribución, márgenes y beneficios no es solo una cuestión de hábil negociación en las conversaciones sobre precios. Para los empresarios individuales, especialmente los proveedores de servicios autónomos, se mueve a través de ocho etapas, o nueve etapas para las empresas medianas o grandes, de las cuales la negociación de precios y el tratamiento de las objeciones a los precios es la última.

Los pasos anteriores son decisivos para que se produzca una negociación de precios y para determinar el nivel de precios al que se inicia.

"Los clientes que más pagan son los que
más atención prestan".

Por lo que sé, esta cita es del empresario estadounidense Alex Hormozi. Al menos, la leí en uno de sus libros. Tiene mucha más profundidad y significado de lo que sugiere a primera vista. No es tanto algo que se pueda, o se deba, mencionar en respuesta a una objeción sobre el precio. Es más bien una cita para ti como vendedor y, en mi opinión, una muy buena conclusión para esta colección de respuestas a las objeciones de precio.

Son aquellos clientes que gastan mucho dinero contigo los que más aprecian lo que ofreces o haces. Una vez más, esto demuestra que lo que no cuesta nada no vale nada. Pero también suele aplicarse a aquellos clientes que utilizan su oferta de forma más intensiva y obtienen más beneficios de ella porque les resulta valiosa. Si ofreces servicios como coaching o consultoría, a menudo también descubrirás que estos clientes son los que más aprovechan y los que más rápido cambian. Por lo tanto, en muchos casos, los precios y honorarios altos no solo son buenos para ti, sino que también son directamente buenos para el cliente. Así que hazte a ti mismo y a tu cliente un favor y vende a precios altos E inspira al cliente dándole algo a cambio que en última instancia vale mucho más de lo que pagó por ello.

¡Mucha suerte!

SOBRE EL AUTOR

oman Kmenta, experto en marketing y fijación de precios, lleva más de 30 años trabajando a escala internacional como empresario, conferenciante y autor de bestsellers. En la actualidad, este economista de empresa y emprendedor en serie aporta sus muchos años de experiencia internacional en marketing y ventas en los sectores B2B y B2C a más de 100 grandes empresas, así como a muchas pequeñas empresas y empresarios individuales de Alemania, Suiza y Austria.

Cada semana, más de 25.000 personas leen su blog o escuchan su podcast. Con sus presentaciones, da impulsos que invitan a la reflexión a vendedores, ejecutivos y empresarios sobre el tema del "crecimiento rentable" y proporciona inspiración a sus oyentes y lectores en la dirección de un enfoque de ventas y marketing orientado al valor.

www.romankmenta.com

Foto: Matern, Vienna

Perfecto para organizaciones de ventas internacionales

1 libro en 23 idiomas

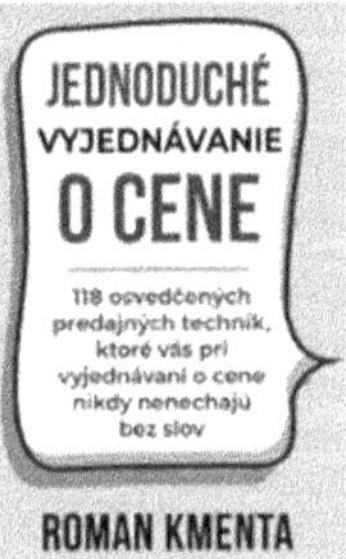

Para más información::
https://www.romankmenta.com/book-too-expensive-international/

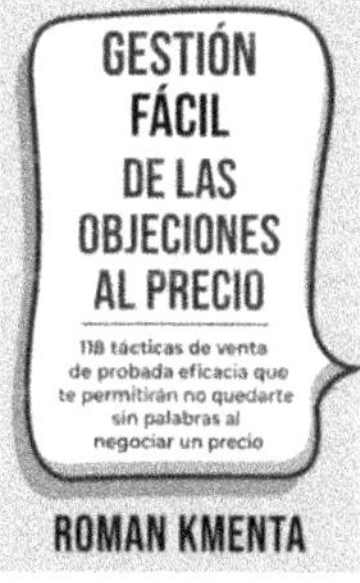

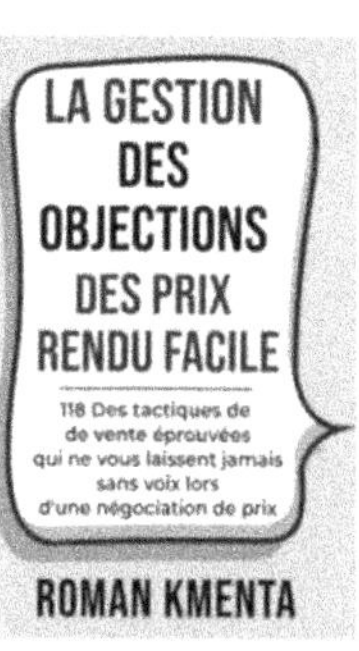

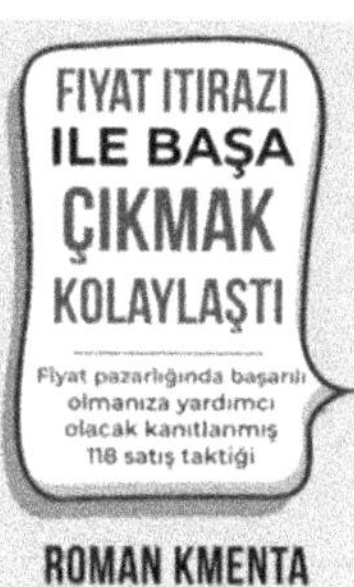

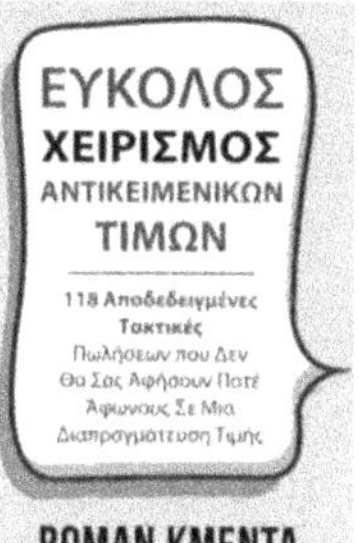

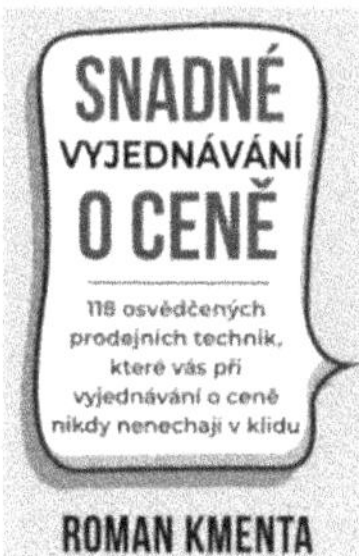

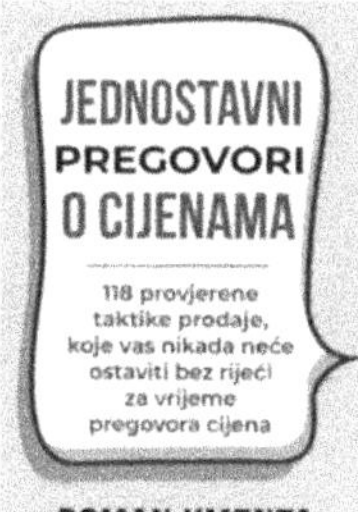

www.ingramcontent.com/pod-product-compliance
Lightning Source LLC
LaVergne TN
LVHW051104180726
843512LV00020B/1595